PEARSON

人生法则系列译丛

Richard Templar

THE RULES OF MANAGEMENT
(second edition)

管理的107条
黄金法则

（第2版）

（英）理查德·坦普勒 著　　朴赫夫　常岩松　译

东北财经大学出版社　　大连

Dongbei University of Finance & Economics Press

辽宁省版权局著作权合同登记号:图字 06-2013-169

图书在版编目(CIP)数据

管理的107条黄金法则 / (英)坦普勒(Templar,R.)著;
朴赫夫等译. —大连 :东北财经大学出版社,2014. 6
(人生法则系列译丛)
ISBN 978-7-5654-1383-4

Ⅰ. 管… Ⅱ.①坦… ②朴… Ⅲ. 管理学-箴言-汇编 Ⅳ. C93

中国版本图书馆 CIP 数据核字(2013)第 290552 号

东北财经大学出版社出版发行
　　大连市黑石礁尖山街217号　　邮政编码　116025
　　教学支持:(0411)84710309
　　营 销 部:(0411)84710711
　　总 编 室:(0411)84710523
　　网　　址:http://www.dufep.cn
　　读者信箱:dufep@dufe.edu.cn
大连图腾彩色印刷有限公司印刷

幅面尺寸:140mm×210mm　　字数:133千字　　印张:9
2014 年 6 月第 1 版　　2014 年 6 月第 1 次印刷
责任编辑:李　季　　　　　　责任校对:孙　萍
封面设计:冀贵收　　　　　　版式设计:钟福建
定价:32. 00 元

目录

二、管理自己/107

管理是一件奇妙的事情，很少有人会在日常生活中刻意管理什么，但每个人都会发现自己在某种程度上与管理脱不了干系。

- 就业辅导员：离开学校后你想做什么？
- 16 岁的青少年：我想当个管理者。

这样的事曾发生在你身上吗？没有，我也没有。

一个管理者，通常身兼多种角色：你是一个充满活力的伟人；你是一个领袖和改革家；你是一个能马上用魔法召唤出加薪、资源、额外员工的魔术师；你是一个亲切的叔叔/阿姨；你是一个可让人倚着肩膀哭泣的人；你是一个精力充沛的激发者；你是一个严厉而公正的裁判；你是一个外交官；你是一个政治家；你是一个金融奇才（这和做一个魔术师非常不同）；你是一个保护者；你甚至是一个救世主或一个圣人。

一个管理者应该对下属负责，即使这些人并不是你挑选的、也可能是你不喜欢的、也许和你没有一点共同语言的、可能也不会很喜欢你。你必须哄着他们出色地完成每天的工作。你也要兼顾他们身体的、情感的、精神的安全和烦恼。你必须确保他们不会伤害到自己，或者相互伤害。你必须保证他们能够根据行业的规章制度完成工作。与此同时，你必须知道你的权益、下属的权益、公司的权益甚至国家的权益。

一个管理者应该对下属负责，即使这些人并不是你挑选的、也可能是你不喜欢的、也许和你没有一点共同语言的、可能也不会很喜欢你。

除此之外最重要的是，人们期待你出色地完成工作。

同时你必须保持镇定和冷静——不能对下属大吼大叫、扔东西或者偏袒任何人。这种管理工作是难以完成的。

你的责任就是照顾好你的团队成员并让他们发挥最大效用，这些团队成员的行为有时候可能会像一个小孩子或者叛逆的少年——他们经常深夜里才睡觉、不露面，即使他们确实露面了又拒绝做任何实质性的工作，或者为了逃避工作而早早地偷偷溜走等，但是你不可能打他们耳光①（或者解雇他们）。

就像我一样，也曾经管过团队（最多同时管理 100 多人）。人们期望我知道队员的姓名，知道他们所有的小缺点。Heather 在周二不能工作得太晚，因为她必须去剧团接女儿；Trevor 是色盲，所以我们不能让他负责任何与展览有关的活动；如果在午饭时间把 Mandy 留下来接电话，他就会因为态度不好使我们得罪顾客；Chris 在团队中表现非常出色，但是她却无法独挑大梁；Ray 酗酒，所以无论在哪里都不能让他自己开车。

---

① 我知道我们也不应该体罚孩子，我只是想做个比喻，好让我的论点容易被理解。

一个管理者应该成为自己的下属与上司之间的缓冲区。

作为一个管理者，我们应该成为自己的下属与上司之间的缓冲区。有时候上司会向下发布一些没有意义的命令，但是你必须使你的团队成员接受这些命令，不要四处抱怨或者嘲笑，明知工作没有意义，还要让他们执行命令。

当公司宣布"今年不加薪"时，我们还是要打起精神，适度的激励和安慰团队成员。你必须对你所了解的接管、合并、兼并、秘密交易、管理层收购以及类似的情况保守秘密，尽管谣言满天飞，团队成员经常向你打探消息。

你的责任不只是带人而已，还要对预算、纪律、沟通、效率、法律事务、工会、健康、安全、人事、养老金、病假工资、产假、特休、度假、外出时间、考勤表、打卡表、慈善募捐和欢送礼物、值班表、行业标准、火灾避难训练、急救、新鲜空气、供暖系统、水管设备、停车位、照明、文具、物资以及茶点和咖啡负责，就更不用说顾客的一些小问题了。

你还必须和其他部门、其他团队、顾客、高级主管、董事会、股东和会计部门（除非你就是会计部门的经理）斗争。

人们也期望你成为下属的标准和典范，这就意味着你必须是一个守时的、未雨绸缪的、穿着优雅的、努力工作的、勤勉的、晚睡早起的、超然公正的、负责的、宅心仁厚的、知识渊博的、完成看似不可能完成的任务的魔术师。够苛求吧！

除此之外，作为主管，还要坦然接受来自各方的责难和质疑，有时候来自公司，有时候来自上司。你想一想电影 The Office 中因为操作妨碍到别人而被奚落的文员；再想一想 Yes Minister……你要接受你的下属、股东或者公众对你所做的评价，而这些对于实际工作来说是无效的，甚至是多余的。①

――――――――――

① 如果你觉得管理工作是一件艰难的任务，就不要选择这份工作。因为担任这个职位的人，注定要引领并激励人们创造未来，我们会对企业和人们的生活造成改变，但我们不是问题所在，我们是提供问题的解决方案。虽然我们需要扮演多重角色，但都能和谐共存，因此，尽管管理工作有时候并不轻松，但如果你能乐在其中，将能享受到前所未有的快乐。

　　而你想做的只是你的工作……幸运的是有一些小技巧和诀窍可以让你轻快地越过这段经历、让你看起来很酷、使你获得绩效而且结果非常圆满。它们就是——《管理法则》——不成文的、不在口头上流传的、未被公认的规则。如果你想在竞争中领先一步，那就对这些规则要秘而不宣。

　　管理是一门艺术，也是一门科学。现在有很多分量十足、厚厚的专门写怎么做管理的课本，也有数不清的训练课程（你可能参加过一些）。但是，这并没有包括那些使你成为一个优秀的、有效的以及正派的管理者所需的各种各样"不成文"的法则。不论你只负责一两个人，或者管理着上千人——人数并不重要，法则是一概适用的。

管理是一门艺术，也是一门科学。

　　在本书中，你不会发现任何你曾经并不知道的东西；即使你真的不知道，但只要阅读过后，你就会惊讶地说，"这真的显而易见"。是的，如果你认真地思考的话，的确显而易见。但是在我们

这种快节奏的、疯狂的、几乎达到生命极限的生活中，你近来可能
没有想过它。唯一的差别在于，你是否能够按照我们的建议加以
实践。

　　你要是说"这我已经知道了"，这就太好了。是的，我知道你是
一个聪明的人，你可能会去做，但是针对每条法则，你坦诚地问自
己：你都把它付诸实践、最终完成，并在日常工作中把它作为标准
吗？真的会吗？

　　我把这些法则整理成两部分：

- 管理团队
- 管理自己

　　我认为这些法则应该非常简单，它们并不是按照重要程度来排
列顺序——前面的法则并非比后面的重要；反之亦然。把这些法则
都读完，然后开始把它们付诸实践，先实施那些看起来对于你最容
易的法则。一旦你不自觉地展开行动，其他的法则就会自动被带
动，你的生活和工作也会随之被带来正面的影响。不久我们就会让
你看起来很酷也很轻松，让你自信和果断，一切尽在你的掌控，熟
练打理所有事情而且进行妥善管理。想一下之前，你虽然精力充沛

地投身其中，认真地工作、敏锐和精明，但是情况却不妙。这就是实践法则的好处！

不久我们就会让你看起来很酷也很轻松，让你自信和果断，一切都在你的掌控之中，熟练打理所有事情而且进行妥善管理。

在我们开始之前，稍微花些时间先来定义一下"管理者"的含义。这很重要，但它的意思并不像听起来那么简单。以金钱而言，每个人都是管理者，比如父母、个体户、企业家、被雇用者，甚至那些财产继承人。我们都必须去"管理"，你的财富可能是辛苦付出而累积得到，但是我们必须妥善处理，最大限度地有效利用资源、花得其所、妥善规划、管控、设定标准、规划预算、有效执行。只是我们中的一些人要带着更大的团队做这所有的事情，但是基本的管理元素并无不同。

哈佛商学院定义的管理者是"通过其他人来获得成绩"的人；杰

出的管理咨询顾问彼得·德鲁克（Peter Drucker）认为："管理者是负责计划、执行和监控的人。"而澳大利亚管理学会认为，管理者是一个"通过计划、领导、组织、授权、控制、评价和预算来达到某一结果的"人。我能够理解这些定义。

管理者也可以相当冗长和复杂：

管理者是组成管理团队的一员，他从人力、财务和物资等方面行使上级授予的权利以实现组织的目标；管理者必须管理人力资源、协调沟通、实践和宣传公司价值、伦理文化，以及带领和引导组织变革。

无论我们是什么样的管理者，都在运用某种方式将事情塑造成我们想象的样子，我们的工作都是在做管理。任何使我们生活变得更简单的事情都是一种意外收获，本书就包含可使生活变得简单的管理法则，这些规则并非不正当或者阴险狡诈，事实上，书中的法则都是十分浅显易懂的。但是，如果你认真地思考每一条并且坚定执行的话，你就会惊奇地发现它们会影响你的工作和生活。

你可能已经知道本书里的所有东西，但是你是否去做？这本书就是要帮助你激励自己去实践那些你已经知道了的东西。

改变就从现在开始吧⋯⋯

一、管理团队

我们都必须和人打交道。这些人可广义地理解为一个团队、一个部门、一个小组，或者一个小队——甚至是临时组成的一个小队，这并不重要。许多管理者所犯的错误就是认为自己是在管理人，他们认为别人是他们的工具或装备。使下属成功了，你就成了成功的管理者——这也是大部分人的观点。

但这是不对的。我们需要明白，管理者的真实角色是去管理工作流程而不是管理人。如果你让人们管理自己的话，他们是可以的。你需要把精力集中在管理的真实工作上——策略的规划。团队仅仅是一种实现目标的手段。即使你所有的员工都可以被机器代替，我们仍然必须要制定策略，仍然需要管理工作流程。

当然，作为管理者，我们必须和有血有肉的人共事。我们也必须了解什么能激励他们、他们如何思考与感受、他们为什么来工作、他们为什么表现出好与坏、他们害怕什么、他们有什么希望和梦想。我们应该鼓励他们、教导他们、给予他们开展工作和自我管理所必须的资源、监督工作进程，以及为他们制定策略。我们可以担心他们、留心他们、站在他们那边并且支持他们，但你要切记我们不是要"管理"他们，我们应该让他们管理自己，我们就可以专心扮演好一个管理者的真实角色了。

1 让下属甘愿工作

你的下属受雇来工作，而你要管理他们。但如果对于他们来说，那只是一份工作，你就永远无法让他们发挥百分百的能力。如果他们来工作的时候用打卡机记录上下班时间，而且工作做得尽可能的少，在上班时间又侥幸逃脱监控，那么你注定会失败。如果他们可以把工作当作是快乐的源泉，认为工作充满挑战、刺激和具有发展机会，那么每个人就会把自己最好的一面表现出来。但问题的难处是：如何让团队成员达到这样的境界，这完全取决于你怎么做。你必须鼓舞他们、领导他们、激励他们、考验他们，使他们从情感上投身到工作中。

这不是什么大问题，我相信你本身就喜欢挑战，难道不是吗？幸运的是，使一个团队从情感上投身到工作中是比较容易的。你所需要做的就是让他们关心他们所做的事情，而且这也比较简单。你必须让他们明白所做事情的实用性，以及这些事情如何影响人们的生活，他们如何满足其他人的需求，他们如何通过在工作中所做的事情来和人们取得联系。你要使他们相信——他们所做的事情是很重要的，在某种程度上会对社会作出贡献而不只是为所有者或者股东挣钱，也不是确保最高行政长官能够获得丰厚的薪金。

　　我知道如果你管理的是护士而不是一个广告销售团队，那么如何使他们投身工作是比较简单的。事实上，假如你能仔细思考，那么你就能发现任何职业都具有价值，而你也可以帮助那些从事者建立对工作的骄傲——不论他做什么工作。例如，广告业务人员帮助公司（其中可能有一些很小的公司）找到客户。他们提醒潜在顾客注意自己也许已经期待了很久的而且的确需要的东西。他们依赖广告销售收入来保持报纸和杂志一直在传播信息，而那些杂志和报纸可以给顾客传递信息和/或带来快乐（否则他们不会买）。

　　让他们关心他们所做的工作，因为工作本身做起来简单。但前提是，每个人在内心深处都想要得到尊重，都想成为有用的人。愤世嫉俗的人会说这是没有意义的，但这是真的，从根本上说是真的。你所要做的一切就是要触及员工的内心深处，然后你就会发现关心、感觉、关注、责任和参与。把这些东西都挖掘出来，他们会不问原因地永远跟着你。

确保你试图说服你的团队之前已经先说服了你自己。你真的相信你所做的工作确实产生了积极的影响？如果你不确定，那么问问你的心，再认真问问你的心，然后去寻找一种关心的方式……

使他们相信他们所做的事情是很重要的。

2　了解团队并知道如何运作

　　什么是团队？团队又是怎么运作的呢？如果我们要成为一个成功的经理，我们就必须知道这些问题的答案。

　　一个团队不是一群人的集合，而是一个有着自己的运作规律、特质和规则的组织。不知道这些，你工作起来就只能误打误撞；知道了这些，你就可能使你的团队创造更大的成就。

　　在每个团队里都有各式各样的人以不同的力量从不同的方向使劲。力气大的人会用撞的方式，有些人则乐意从背后推，还有一些人并不露面做任何事，但是你却依赖他们的点子。

　　如果你不了解什么是组织动力学（team dynamics），我建议你读一下 Meredith Belbin 的《管理团队：成功与失败的原因》。[①]（如果你已经读过了，那么就直接阅读下一条规则）。这是专门为那些注重通过让他们的关键人员发挥最大作用来实现目标的管理者而设计的。我在这里摘录书中的重点，希望你可以在管理实践中加以参考。

Belbin 认为，总共有 9 种团队角色——我们都会执行其中的一种或者多种。识别自己的角色很有趣，而识别你团队的角色更为重要，因为你可以靠这些信息，把对的人放到对的位置。这 9 种团队角色是：育苗者、资源调查者、协调者、塑造者、监控评价者、团队工作者、执行者、完成者、专家。如果你要了解更多，建议读一读 Belbin 的这本书。

你现在知道在你的团队里可能有哪些人了，那么确切地说，团队是什么？你准备怎样使你的团队更加有效？还有，读 Belbin 的书也会开始懂得团队是一个所有的成员把精力集中于集体的目标上的团体。如果团队成员只专注于自己的目标——只是在办公室打发时间、他们自己的个人进步、如何取代老板（顺便说一句，你就是老板）、

---

① R. Meredith Belbin，Management Teams：Why they succeed or fail，Butterworth-Heinemann，3rd edition，2010.

把办公室当成一个社交俱乐部，等等，那么这个团队就无法团结。

如果团队成员只专注于自己的目标，那么这个团队就无法团结。

当你听到"我们"、"我们的"比"我"多的时候，你就知道你拥有一个团队了。

当困难的决定变得简单——因为有人说"没关系，我们会一起努力的"——的时候，你就知道你拥有一个团队了。

当他们告诉你他们是一个团队的时候，也会知道你拥有一个团队了。

3 设定实际的目标

当我为这本书搜集资料时，有人说设定实际的目标并不现实。所有目标都应该被"强化"，这样才能给董事会留下深刻的印象。现在，你能明白其中的问题吗？是的，我们这里不是在讨论激励团队、完成工作、制造一种成功和创造的氛围，而是给董事会留下深刻的印象。如果你的董事会是由一群猴子组成的，那么在文件上体现的一定是一件做起来很精干的事情，但是我确信他们不是猴子，我相信董事会是由非常精明的人组成，而且可以在瞬间就看穿这些小把戏。

当我说到"实际"时，我并不是说较低的、容易达到的目标；我说的"实际"也许意味着繁重的工作，也许意味着努力奋斗，也许意味着你的团队必须付出加倍努力，加倍辛苦地、长时间地、聪明地工作。但是第3条法则说的"实际"的意思是可达到的、在你的能力范围之内的——即使要花一点心力。

"实际"意味着你知道你的团队能够做什么，意味着你知道你的老板希望你们可以完成什么。在某种程度上，你必须把二者结合起来，以使两边都开心。你不可以对你的团队施加压力，让他们做不可能达到的事情。你也不可以让你的老板认为你有所懈怠。

如果你的老板坚持制定一个不实际的目标，此时你必须告诉他们。你不要争论或是耽搁工作的进展，告诉他们你的想法，并问他们为何认为这些目标是可以达到的。说这些目标是不实际的，要准备充分，解释为什么你认为目标是不实际的，再问你的老板为何认为这些目标是可以达到的。提出一个你自己认为实际的目标，而且要有事实和数据支持。坚持向你的老板反映这个问题，请求澄清明示。他们迟早会制定一个更加实际的目标或者命令你尽可能地达到。不论是哪种方式，你都要解决问题。如果他们为你制定了实际的目标，那么你需要做的就是实现目标（你知道你可以做到）。如果他们命令你完成不实际的目标，你也不要有负担。当你没有达到那不可达到的目标，你就能够解释说你曾经在开始的时候就明确地表达了你的异议，并把应负的责任归咎给他们。

总之，就是不断将想法和疑虑向老板汇报，让他们可
以明白一切。

4　有效率的会议

我们都经历过漫长而又沉闷的会议，大家对某些事情争论不休、议程被草率地写在信封背面、偏离议题的讨论，甚至在没有通知的情况下就举行紧急会议，而且会议内容空洞。

作为一个管理者，你一定得召开会议，要让会议有效率，就必须在开会前事先决定会议的主题，并确保会议过程中所讨论的事项都切合主题。

召开会议只有 4 种目的：

- 成立新团队或改编旧团队
- 告知信息
- 头脑风暴（并制定成决策）
- 征集大家的建议（并制定成决策）

在开会前事先决定会议的主题，并确保会议过程中所讨论的事项都切合主题。

某些会议也许包括多个目的，但你必须意识到这些目的，并试着在会议中达到你的目的。如果你的会议是要告知信息，那么就着手去做，然后去完成任务；如果是对你想要的信息的讨论，那么这就是一个不同类型的会议，同样应该有不同的目标。

要意识到有些会议是要帮助你的团队成员互相了解、形成亲密的关系、一起参加社会活动，并让他们知道你才是团队的领导者。

如果你想让你的会议有效率，那么就要一直稳稳地掌握会议过程——这里没有泛泛的民主。你是管理者，所以由你来控制，就这么简单。要想有效率，你就不应该允许任何人话说当年、东拉西扯、不停地乱走动、放松自己和不参与。让他们加快脚步，尽快完成目的之后结束会议才是上上之策。

5 真的有效率

现在，你确信会议是必要的，下面就要使会议尽量简短和有效率。

所有的会议都要在每天工作结束的时候召开，而不是在开始的时候。每个人都急于回家，这样会压缩会议的时间；也不要在一上班就召开会议，这样的会议很容易游离主题或是聊天。当然如果是为了增进彼此的情谊，那你就可以很开心地在工作开始的时候召开会议。

你也可以通过电子邮件、电话、单独面对面（将那些不必出现的人物排除）召开多次会议。

准时召开所有会议，绝不等待任何人。永远也不要为迟到的人重复已经讲过的东西。如果他们漏掉了至关重要的东西，他们在会后可

以从其他人那里获得，而且会让他们记得下次要准时。① 永远也不要
把会议安排在整点开始，常常说 3 点 10 分而不是 3 点整。你会发现
如果你给他们留一点"多余"的时间，他们常常会更守时的。下次把
会议订在 3 点 35 分，看看会发生什么神奇的效果。

要预留足够的时间来安排开会的时间——但是不要提前太
多——这样就没人可以借口说他们有其他事在做。在开会那天之前和
每个人确认他们记得开会并且能来开会。

准时召开所有会议，绝不等待任何人。

你要决定谁为会议负责计时——而且确信他们能确实执行，你可

---

① 蛤蟆吃完早饭之后，捡起一根结实的棍子精神旺盛地挥舞着，不断地
嘲弄动物们。他喊道："他们偷我的房子，我要教训他们！""我要教训他们，
我要教训他们！"老鼠很震惊地说："不要说'教训他们'，癞蛤蟆，那不是很
好的话。"獾非常生气地问："为什么你经常挑剔癞蛤蟆的毛病？他的话怎么
了？和我用的一样啊，如果那对我来说足够好的话，那对你来说也应该足够好
了！"老鼠谦逊地说："非常对不起，只是我认为应该是'教育他们'，而不是
'教训他们'。"獾回答说："但是我们不要'教育他们'，我们要'教训他
们'—教训他们，教训他们！而且我们也准备去做！"（Kenneth Grahame,
The Wind in the Willows)

以根据你的爱好来决定。你不必有老板作风或者咄咄逼人，只要坚定、友善以及彻底掌控就可以了。

　　确保议程上的每一项议题最后都以行动计划为结束——没有行动计划就意味着会议只是一次聊天，当然一个决定也可以。

　　如果会议规模变得太大——超过 6 个人——那就着手把他们细分为各个小组，然后让各小组把结果汇报回来。

　　而最重要的（要把这条牢牢地铭记在心中）是：所有的会议必须有一个明确的目的。在会议结束的时候，你必须能够说出你是否达到了目的。对了，也要注意，在召开会议的时候，要让他们坐在不舒服的椅子上（甚至让大家站着）——这样会有助于会议能快速进行。

6 让会议富有趣味

我想今天你一路爬到主管的位置，一定耐着性子经历了许多冗长乏味的会议，所有的会议都令人厌烦，所有的会议都无聊枯燥。那么在某种程度上，这种模式必须得打破，而需要你去打破它。现在，你可以以身作则打破旧的开会方式，让会议不再沉闷和无聊。

现在，你可以以身作则打破旧的开会方式，让会议不再沉闷和无聊。

那就让我们使会议变得富有趣味吧。在我们开始之前，我记起我在某个地方看到过的一条提示——在会议开始之前，给每个会议成员分发 5 个硬币，当他们想说话的时候就得花掉一便士。一旦他们用光了自己的硬币，他们就得尘封起来了，不能再讲任何东西。这应该就使人们讲话谨慎，否则就是浪费自己的筹码。有趣吗？但是，这也可能会使你成为大家眼中的讨厌鬼，而会议也会变得没有生气。类似其他的建议还有：

- 花哨的穿着

- 提供食物或饮料（除非正好是午饭时间，在这种情况下，这仅是一项功能而不是趣事；或者如果你把你的团队带出去到餐馆或者酒馆，那就不是一次会议了，而是一次建立亲密关系的聚会了——参见第 17 条法则）

- 游戏、测验或者竞赛之类

- 来点小惊喜，比如放在凳子底下的巧克力

- 说话棒（可以问加州的新世纪主义信奉者）

- 眼罩

- 让级别最低的成员主持会议

所有的这些都会让会议变成闹剧，所以千万不要那样做。

你怎样才能使事情变得有趣而不像 David Brent 那样滑稽呢？首

先，你要明白，有趣并不等于愚蠢。

"有趣"意味着不要乏味，让人们显得自然，允许人们带来他们的乐事；"有趣"意味着允许人们和大家分享那些曾经让他们开怀的事情；"有趣"意味着让人们讲故事或者那些让人们心情变得轻松的奇闻轶事（只要知道什么时候该说，"好了，让我们言归正传"）；"有趣"意味着足够灵活地允许人们提出在哪儿和如何开会的建议。也许你的组织有一个很大的会议室——你们可以在那里开会，或者如果天气很好的话，户外也可以啊。

一个有自信的管理者（当然，我指的就是你）是有相当弹性的，因为他们是如此的轻松、冷静、充满自信。一个无聊的管理者，则会因为自己的担心而采取僵化的方式，来向他人宣示他们的不安全感。

7　让团队比你更优秀

一个好的管理者——是的，就是你——应该知道团队要何时展翅翱翔，让团队高飞需要勇气、耐力、决心以及充分的热情。

你必须使你的团队成员比你更优秀。这就意味着信任他们，给予他们最好的资源，训练他们将来从你手上接任你现在的职位，相信在接任你的职位的时候他们不会辜负你的信任，而且对你自己的能力要充分地自信，当他们真正起飞的时候不要嫉妒他们。这很不容易。

要实现这一条对许多主管而言真的不容易，因为你必须非常放松和安心。坦白地说，鼓励你的团队自我发展是需要勇气的。让我们看一下你的团队，你拥有谁？谁有一天会接替你的职位？为了让他们得到提升，你可以和他们分享些什么？

接替者是那些你想要培养和栽培的人。他们聪明、敏锐、做事特别卖力气。我曾经有一个太精明以致吓倒我的年轻助理，当我被提升的时候，他接替了我的职位。而且他跟着我提升了好几次，但始终是差我一步。事实上，他在许多方面都比我优秀，但是他从来不会背叛我、取代我。也许是出于尊重，但是我有点怀疑——我所在的企业至少可以说有点残酷。不，这是习惯。因为一旦你组建了一个优秀的团队，他们就会习惯把你当成领导者，而且那样感觉很舒服，他们也不会叛变或者超过你。团队成员只会在他们感到怨恨或者不被信任的时候才会那样做。因此，让你的团队成长并使他们变得更好吧。

一旦你组建了一个优秀的团队，他们就会习惯把你当成领导者。

8　知道你的重要性

你是团队中最重要的人物，这并不是说你比团队中其他人更好，或者更有经验，更有价值，所以不要妄自尊大。你是最重要的人，是因为其他人都要以你为参照标准，你的标准不能太低。

如果你使坏，背地里陷害人，担心下属会超过你，暗中监视他们，设法阻止他们超过你，或者你是不道德、不被人尊敬的人，你就不配做一名管理者，你的下属也不会执行你的命令，你的团队也不会有出色的表现。

或许你还没有坏到那个程度，但是，听好，如果你经常抱怨、埋怨你的老板或者是顾客，总是悲观不愿意变革，总是期盼周五的下午快点到来，凡事避重就轻，你的下属也会在所有的事情上复制你的行为。

　　记住，如果你没有树立好的标准，定一个基调，你就不是一个团队期盼的真正好的领导者。你的团队就像是一群鸟或者一群羊，凡事都随大帮。只要一个人做了，其他人就都跟着做。你就是那个他们会追随的人。如果你表现好，所有人都表现好。如果你表现不好，所有人都会表现不好，就是因为你，害怕了吗？

　　不过，不用担心，相信你是一个出色的管理者，带领着一支精干的下属队伍，他们都希望你的领导。注意，不但你个人会成功，你还会把成功带给你周围所有的人。你会充满激情地完成每项工作，因为你的背后有一支精明的团队，他们会对每项任务都进行缜密的分析，形成共同的战略。你会公平地对待他们，激励他们，兑现你对他们的承诺，形成一个积极的工作氛围，你的下属也会效仿你成为这样的人。

如果你没有树立好的标准，定一个基调，你就不是一个团队期盼的真正好的领导者。

9 设定界线

你必须从第一天开始，就注意纪律问题，还记得我们曾讨论过照看你的团队要像照顾孩子一样吗？那么作为父母，你必须得为孩子确定一些行为界线，并且在这些规矩上不允许任何的例外。因为如果你稍一让步，对方就会得寸进尺。如果人们看到你是"软弱"的，他们会利用这一点。设定一个清晰的界线，并不容许任何人越界，这样做的好处是，你可以拥有一个清楚的标准来判断任何事。你所需要做的就是去问："这会违背规定吗？"如果会，那么就阻止；如果你允许继续下去，那么到什么程度你才会阻止呢？

设定一个清晰的界线，并不容许任何人越界，这样做的好处是，你可以拥有一个清楚的标准来判断任何事。

假设你清晰的界线之一就是守时（也许是因为穿衣服或者服务顾

客而迟到，不论什么，我们就假设为守时）。如果迟到一分钟还是可以的，那么两分钟呢？如果两分钟还可以，那么三分钟呢？等等，就这样，人们就会认为其实不管任何时间到都没有关系。但如果你不允许一分钟的迟到，那么所有人都会准时到会，你没必要再去思考任何特殊的情况是否应该可以接受。但是如果你的确允许违反、小的违背，你将会想："这一步有没有太离谱？""我能拿回控制权吗？""我准备走多远？"

这并不意味着你必须得制定成百上千条规定，而这些规定又非常严格、不可变通。这意味着你需要决定出你那不多的几条对你、对团队以及对业务都非常重要的关键界线，确保其清晰，并且确保其彻底被执行。

要记住你是在和一个团队打交道——我会在这本书里反复地强调这一点——而不是个人。你可能会觉得对于单独的一个人，任何人都可以有例外，但是你不是和个人打交道——你是在和一个团队打交道。如果别人看见你在一个人身上表现出软弱，那么你一定会对所有的人软弱。如果你允许一个人迟到，那么你就得允许所有的人闲逛着迟到。如果你允许其中一个人违反规定而逃脱惩罚，那么也必须允许所有人能够这样做。

　　优秀的管理者对不恰当的行为是非常严格的，因为这会给所有的团队成员传递一条清晰的信息——你是一个优秀的、严格的、可以掌控全局的管理者，可以让团队的集体努力化为实际成效，而不是一个随和的、懒散的、友善的人。相反的，如果你总是允许例外发生，个别的团队成员会认为你很酷，但你在他们心中的评价就会大大降低。

10 随时做好裁员准备

如果你拥有自己的交响乐团，你是一个指挥，指挥他们去合力演奏。等一下，某个地方出错了。那个长笛演奏者走调了，偏离了基调，他是根据另一首圣歌的乐谱来演奏的。现在你有三种选择：

- 忍受错误
- 改变错误
- 结束错误

让我们稍微看一下这三种选择，因为在所有的事情中——包括生活、工作、教育子女——这三种选择都可以派上用场。

首先，如果你选择忍受错误，这会让你的整个交响乐团听起来很乏味、跑调而且不能出色地完成它的任务——给广大听众提供甜美的音乐。你的听众（你的目标）就不会听下去，并且会指责你是一个失职的指挥。

　　如果你准备试着去改变错误。长笛演奏者 X 需要再接受训练。他们被派去上长笛补习课程——当然是寄宿制的，之后他们就能够做好本分，吹出正确的旋律。也或许你决定让他们转去学演奏低音管了，但无论如何，各种各样的问题都可以被分类并好好地解决，这都是因为你居中努力协调。

　　但是，如果他们的报告说他们不能分辨音调，就不应该让他们加入乐团，而是应该去从事拉响火警报警器的职业，那么你怎么办呢？这时候，你不能又让他们去学习演奏别的乐器的课程，如果这样做，他们又会把事情弄糟了，而且，乐队的其他成员已经对你失去信心，一个个都准备跳槽了。

　　第三种选择就是，你要开除他们。这样的行为很迅速，也是好心。他们可以继续前进到某个地方，某个其他地方，去当一名警报冠军。你的交响乐团也会因为你正确的判断与果决的处理，对你更加信赖。

　　要经常准备修剪掉那些已经枯死的枝干、杂乱无章生长的枝条、没有价值的长笛演奏者（以及其他任何不能达到预定标准和期望的乐队演奏人员）。

如果一开始他的检查报告就指出他们无法分辨音调，就不应该让他们加入乐团。

11　充分授权

　　优秀的管理者，也是你现在要开始实践的，应该知道他们管理的是事件、工作流程、情况、策略，但永远不会是人。让我们想象你有一个大花园，而你准备雇用一个园丁。你管理这个园丁吗？不是。他们可以非常好地管理自己。你的工作是管理花园。你要决定的是要种什么植物、什么时候种、在哪里种。园丁就像一把铁锹或者一辆独轮手推车，是花园里的一个工具，一个你可以用来非常有效地管理花园的工具。但是你不用管理园丁，他们可以管理自己。你告诉他们你想要他们做什么，他们就会着手去做；你授权，他们就会挖坑、掘地、种植、剪枝、照料以及除草。事实上，植物也在进行自我管理。既不是你也不是园丁使任何东西生长，你们两个人都在管理。园丁是你的得力助手，是你完成工作的工具。

现在给予园丁尽可能多的权力和机会去参与决策过程以把你解放出来，你就可以坐在树荫下乘凉，喝着下午茶，拥有更多的时间可以去制定长期策略、了解大的框架、制订季度计划以及细读种子目录，这是很有意义的。

在园丁修草坪、给花坛除草、修剪树木等的时候，监督他们是没有意义的。最好给他们工作去做就放手让他们去干。一旦他们完成任务，你可以检查他们的工作，确保工作符合要求。然后你就不需要再检查了。但你要记住一件事情，不要不停的过问。

这基本上就是卓越管理的秘诀。给他们工作去做就放手让他们去干。检查一两次以确保他们以你期望的方式完成工作，下一次就放手让他们去做。给他们越来越多的工作去做，你从人们工作进程中越来越往后退出，转而把精力集中在计划工作上。建立起你的团队后，那么就要信任他们，让他们放手去做。虽然有时候会事与愿违，人们可能会想躲避工作、做错事或者结果不如预期——你要对类似的失败承担起责任，因为你是管理者而那是你的团队。这是认真的，这完全是由你决定的。继续读下去，我们会教你一些有用的方法，确保这种事情不会发生，或减少它发生的可能。

建立起你的团队后，那么就要信任他们，让他们放手
去做。

12　允许下属犯错

中国有句诗："纸上得来终觉浅，绝知此事要躬行。"这两句诗写得非常好。如果你准备让人们做一件事，他们开始可能会做得很糟糕。他们若犯错误了，你要允许他们犯错误。

纸上得来终觉浅，绝知此事要躬行。

如果你是一位父亲（或母亲），和一个两岁的小孩在一起，你就会经历令你苦恼的事，他们要坚持自己倒饮料，然后他们会把大部分饮料溅到桌子上。你并不会因此恼怒，而是在背后拿一块布等待，因为你知道：

・他们会将饮料溅出来的；

• 你是帮他们善后的人；

• 把饮料溅出来的过程是非常重要的，你必须让他们自己去做，只有这样，他们才可以学会下次不会将饮料溅出。

作为一位父亲（或母亲），你可以耐心的等待，总是准备在果汁将要倒满时拿走杯子。或者果汁即将溢出时移开杯子，甚至在孩子过于专注而没有注意到快从椅子上摔下时，及时地把他们扶住。

我不是说你团队里的成员像小孩子——或许有点像，但不要告诉他们。但是，如果他们想要进步那就让他们进步吧，你学会这一点是很必要的。同时，也要确保你已经站在他们身后拿着一块布准备为他们善后。

而且，在他们犯错之后，你不要责备他们，相反，你要给予赞扬——"做得好、很棒的事情、已经有很大的进步"。试图不要让他们看见你拿的那块布或者你清理的过程。

13　接受下属的缺点

正如我们早先所看到的，有效地把一个团队融合在一起意味着你需要组合不同的部分，或者搭配不同的团队成员。现在我们中一些人擅长某一特定事情，而其他人不擅长。如果彼此都一样，就无法组成一个团队，我们就都成了领导者或都成了跟随者，你需要的是结合，既不是都成为领导者，也不是都成为跟随者。

你必须接受，如果你团队中的一些成员不是领导者，或者不是跟随者；你必须接受，一些人擅长于数据类的工作，而其他人不擅长；你也得接受一些人擅长处理突发事件，其他人不擅长。

如果彼此都一样，就无法组成一个团队，我们就都成了领导者或都成了跟随者。

要接受这些事情，你就必须要非常了解你的员工，知道他们的优势和缺点，好的一面和不足的一面。如果做不到这一点，你将永远难以组织协调好你的团队。

不是每个人都会和你一样聪明伶俐、有决心、远大抱负，或者积极进取——不过你可以试着激励他们，这可以参考下一条规则——你要接受这个事实。你团队中的一些人很有可能会从头到脚都很呆板，如果完全没有希望的话，你可能就需要先实行第 10 条规则，再实行第 13 条规则。但是，不要草率行动，你也许不需要一个全由天才组成的团队（事实上，如果你雇用了相对于工作来说太聪明的人，他们会很快离开）。

假设你的团队中存在机器操作员或者行政助理。你不需要这些人拥有爱因斯坦的头脑，也不需要他们在进行头脑风暴时异常机敏；但是你的确需要他们能够专注的工作，一次在一个位置上坐几个小时坐到屁股麻木（要是你我去做的话，可能会发疯）。不要期望他们展开创新的翅膀，带着新观点、新发明或者新技术翱翔。你必须接受他们的局限性，并且要爱他们、支持他们，因为这些局限性是他们的特色，这些局限性使他们付出最大的努力，发挥出最大的能力。当你们发生冲突的时候，快速地检查一下你自己是不是有什么局限性？你难道没有一些局限性吗？别骗自己了。

14 善于激励

如果你没有让人们知道你对他们满意，他们就会感到失望。人们因为各种不同的原因来工作——其中许多理由都与钱没有关系，不论他们告诉你什么，在他们内心深处，排在第一位的是"上司的赞扬"，而这个上司就是你。

他们可能称它为"赏识"、"认可"或者"认为我做得好"，但是他们如何知道呢？只有你告诉了他们，他们才会知道。

现在你可以追加对他们的赞赏，所以要等到他们做好之后告诉他们做得好，或者你可以提前鼓励他们——，在他们做之前就告诉他们，他们会做得很好。为什么？因为如果你提前鼓励了他们，那他们做好事情的可能性就会大得多。他们不会让你或者他们自己失望。

在他们做之前就告诉他们，他们会做得很好。

作为一位管理者是一个极简主义的梦想者，你希望用最少的投入就建立起一个卓越的团队，而且表现出色。你想以最少的资源投入来创建一个杰出的团队，赞扬是最好的选择。它是免费的、立等可换的，并且做起来相当简单，一点也不需要花费时间，此外，它永远不会用坏，总是百分之百有效。

那么为什么没有更多的管理者这样做呢？因为赞扬需要自信，你必须对自己所提前提出的赞扬感觉非常有把握。如果你怀疑你自己，你就会怀疑他们；如果你怀疑他们，你就不会赞扬他们，因为你确信他们会把事情搞糟。

大声说出："加油啊，你能做到的，你会很出色的！"除了需要勇气什么也不需要。你给人们越多的责任，你越信任他们，你越赞扬他们，你越鼓励他们，他们就越会给你回报。赞扬是免费的万灵丹，而激励应该成为你的天赋。

促进一种相互鼓励的氛围的形成，"你能够做到的"在你身边每天都应该能够听到。如果你不说这样的话，你的团队成员也不会讲。要鼓励那些出色一些的人帮助那些稍微差一点的人进步。在任何优秀的团队里，当一种鼓励、帮助的氛围形成的时候，都应该积极地鼓励和赞赏。我们都在一条船上，是荣辱共同体，是浮是沉都应该一起承担。

15 知人善任

你必须擅长找到对的人去做对的工作——然后放手让他们去完成。我知道这听起来似乎需要有相当的经验，但是我相信你知道我所说的那种管理者。主管身边似乎围绕着许多能干的、令人满意的人，他们似乎只是坐在一旁看着那些人完成工作，你也可以那样做。这是一种特殊的才能，但是你也能够培养出来的，我认为这就是知人善任，让他们着手去做而不去干预。要想做到这些，你就必须得有充分的信心，相信他们的能力，也要相信你自己的能力。

你必须擅长找到对的人去做对的工作——然后放手让他们去完成。

你必须知道谁能胜任某份工作，以及他们需要具备什么样的能力。例如，你也许需要一个高级会计主管——他们需要具备什么能力？应该要找什么样的人？八面玲珑的人吗？能够对企业运行作决策的人？能够事先规划的人？非常了解你们企业的人？能够了解公司特质的人？能够在极具挑战的环境下工作的人？

我相信你明白我的意思。如果你对要找的人，以及对自己的需求有清晰的认识，那么你就能成为知人善任的主管；当然这不是一种本能，而是要靠你事前的计划、洞察力、逻辑和努力工作才得以达到。

有一次，我犯了一个错误，我完全被一个经理的介绍信诱导得误入歧途。我当时是个总经理，我在试图雇用一个部门经理，我没把"他是怎样的人"看得比"他擅长什么"更重要，他有介绍信，而且非常擅长他的工作，但是他不能够进行团队协作，并把他和其他部门经理之间的所有事情都看做是竞争，而这些经理是想齐心协力地在一起工作。这是一个我没能够很好地做到寻找合适人选的案例，我选择了不合适的人，付出了很大的代价才从这个错误中摆脱出来。我责备我自己，因为我没有对自己想要什么样的人进行充分的思考。

　　如果你不擅长寻找合适的人选，或者想增进这项技能，那就邀请一些你尊敬的人和你一起出席面试，从而给你提供不同的观点和意见。寻找一个贤明的顾问或者指导者来帮助你选择出你真正符合需要的人。

16　雇用有天赋的人

你知道《哈利波特》这本书最开始遭到多少家出版社拒绝出版吗？我听过很多版本，但至少是 8 家出版社不愿意出版该书。最终是 Barry Cunningham 出版社跟作者签订了出版合同，你怎么看这家出版社？人们肯定会说他比其他出版社更慧眼识珠。

每一个获得巨大成功的经理人最初刚从学校或者大学毕业的时候都希望有人会看到他们的天赋给他们一份工作。当他们还是部门经理或者是中层领导者的时候，他们还希望自己能够被提拔到更高级别有更大的发展空间。

你也希望你的团队里面会有这样的人。他们很有天赋，希望被重用。不要太看重经验——只要给他们时间，每个人都会成为经验丰富的，但是时间是不能赋予真正的天赋、头脑和能力的。当你发现真正有天赋的人才的时候，首先让他们去干，然后在关注细节。我不是说一个人光有激情就可以的——因为不幸的是，很多没有天赋的人也很有激情——一个真正有天赋有能力的人表现在他们会很智慧地处理一些事情。

当然，这些真正有才能的人最终会超越你的，他们会步步高升，甚至取代你。这会使一些人很担心。但是一个真正的规则玩家是不会担心的，就像是跟《哈利波特》作者 JK Rowling 签订出版合同的 Barry Cunningham 出版社，最后的光环还是会照耀到他身上的。

想一想，你帮不帮这样的天才，是金子总会发光的。要做一个能赏识这样的天才，并在他们前进的道路上鼓励他们不断进取的领导者才是伟大的人。

你一旦组建了一个团队，那么团队中的成员及他们的表现比其他一切都更说明你是否称职做一个领导者。团队表现的越好，其他人就会越觉得你很有才能。很多高层领导者经常会说他们成功的原因就是他们雇用了比他们更加聪明能干的人。他们可能是谦虚了，不过你还是要多向他们学习，这是使你上升到高层应该具备的能力。你要知道雇用什么样的人，提供给他们完成工作需要的条件。这样，你的团队的业绩就会越来越好，你的业绩也是。

你帮不帮这样的天才，是金子总会发光的。

17　勇于承担责任

如果你的团队把事情搞砸了，抱歉，责任应该由你全部承担。但如果团队的表现出色，荣誉应该属于全体成员。一个优秀的主管总是愿意承担责任。我知道利用团队作为搪塞的借口非常容易，但这无法卸下你该承担的责任。你是他们的领导者、主管和上司，你应该为他们的所有行为负责。

我知道利用团队作为搪塞的借口非常容易，但这无法卸下你该承担的责任。

说出"我们没有实现我们的目标是因为……"是很容易的。但是你必须说，"我没有实现我的目标是因为……"而且跟着那个"因为"的必须是"我"，永远不能是"他们"。

"我们没能够实现目标是因为年轻的 Brian 无意中得罪了顾客，结果订单被撤走了。"这种说辞很容易，但是谁让年轻的 Brian 负责这么重要的顾客呢？是你！是谁筹划的订单呢？是你！必须是你！如果当工作进展中出现问题的时候，你能勇敢地接受惩罚，那么即使你让你的团队为你而死，他们也会去做，相信我，没有比一个随时准备站起来说"我承担责任"的老板更能得到人们的忠心了。

但是，我也承认这是一件做起来很艰难、真的很艰难的事，它需要自信、勇气、别人对你的信任（你的老板不会因此解雇或者惩罚你）和豁达。

你也许认为这会对你不利，看起来好像没有能力，但事实正好相反。如果你的老板看到你站起来说"我们丢掉了那份合同，我来承担责任——我们会采取一些措施，以确保这种事情下次不会再发生"，他们不会认为你是一个失败的人，他们会看见一个未来董事会成员的气度。

18　把功劳归给团队

　　就像你必须挺身而出并承担所有的责任一样，事情做得好的话，你也必须经常向你的团队毫不吝啬地给予赞扬和荣誉。如果熬通宵利用以前工作中的企划资料而让你们顺利争取到了一个重要的客户，此时你要说，"都是因为团队成员的出色努力"。

　　勇于承担责任可以产生忠诚，但是把荣誉给你的团队也会获得忠诚。要大声地、公开地、真诚地说，无论怎样，一定要说出来，并且不要假仁假义地说"这是我团队的功劳"，一副要大家认定你是不可或缺的样子，这暗示着团队的成员并非那么重要。你可以这么说："这个团队做得很不错，是一个极好的团队，我能带领这样一个团队实在是太幸运了。"这种说法暗示你与成绩无关，而每个人都知道那是你的团队，你是他们的领导，团队成员会喜欢你，其他所有人也会认为你谦逊而且不喜欢出风头，你做得很好。

　　我知道这所有的一切还需要勇气以及充分的自信，你也努力工作，把荣誉给出去似乎很不公平，我知道你其实是想站起来喊："看，这就是我，这些全都是我自己完成的。"但是你不能这样做，你明白并不是全都由你完成的，无论你认为你完成了多少。如果你在做销售，那么创造你所销售产品的是你的团队；没有团队，你就只能卖垃圾。告诉你的团队，销售是一件轻而易举的事，因为他们已经把基础工作做得这么好，这样他们会在脸上洋溢出自豪，并加倍努力工作。

　　没有团队，你就只能卖垃圾。

19　为团队争取最佳资源

如果你的团队是你用来为自己得到更多荣誉的工具，那么，你的团队所用的资源就是决定他们工作好坏的工具。太多的管理者认为，通过削减团队成员的资源他们可以让自己获得更好的绩效，但是他们省下的资源要用在哪里？带到天堂上去吗？我认为不是这样。你必须为你的团队配备最好的资源，剥夺团队的资源，你其实也在剥夺他们出类拔萃的机会，剥夺了推动你获得更多荣誉的机会。

我知道许多管理者会说："他们能够继续使用 Windows95 系统再多几年。"或者"即使给他们宽频也没有多大用处"。我甚至还曾经听过"我不会给他们太多资源，免得造成浪费。"

为了能进天堂，你要为你的团队配备最好的、最佳的资源，让他们可以好好地完成工作——这会让你看起来很优秀。

你要为你的团队配备最好的、最佳的资源，让他们可以好好地完成工作。

如果你的团队成员需要新科技——即使你会陷入两难境地也要为他们配备；如果他们需要更多的物品、纸张、更强劲更好的、更高质量的设备——给他们配备。不论他们需要用什么，只要能够更熟练、更快捷、更好、更顺利、更迅速、更有成果地、更廉价地完成工作，无论如何去为他们配备。如果你必须为此与人争辩、冲突、流汗、到处求人，甚至用尽所有的经费，都在所不惜！现在就去做，你不能期望他们表现优异，又不提供他们足够的资源。他们会告诉你所认识的其他人：同一个组织的同事、其他组织里的朋友；当少给他们钱的时候他们就会知道，他们就会怨恨这件事，怨恨你，甚至无心工作，结果吃亏的还是你。因此，你必须竭尽所能地为他们提供最佳的资源。

20 庆祝

我每天都会找一个借口奖赏我的下属，尽管是为一件小事庆祝，也值得庆祝一番。如果你也这么做，那么你的下属就会备受激励，并会养成庆祝每次成功的习惯，这很重要。

该奖赏什么呢？简单就好，一盒甜甜饼、一杯卡布基诺或带他们出去走走，晒晒太阳。

有时候，我会宣布今天是特殊的日子，因为我们获得了这样的成绩，然后我就会带他们出去吃午饭，让他们放松一下，说点冷笑话——但要注意，不要同时给他们太多，最好一次只选择一种奖赏。

而且，即使我们偶尔失掉了一个订单，我也会宣布这是一个特殊的日子。我会为我们的错误、失败、意外情况而庆祝，为什么？他们已经尽心尽力表现出最好的一面，为团队尽他们最大的能力去做，我为什么不应该奖赏他们呢？我们失败了并不意味我们没有努力过，所以我因为他们的努力而奖赏，我庆祝我们所有做得正确的事——努力、奋斗、决心、团队协作、动力以及良好的工作态度。

我为什么不应该奖赏他们呢？我们失败了并不意味我们没有努力过。

不要只是庆祝大的胜利，也要庆祝所有小的进展。很显然，可以用较简单的方式庆祝，但不管如何就是要庆祝——找个借口请大家喝或吃个甜甜圈饼（或者是苹果，如果他们喜欢）。这会花费你什么呢？非常少，但是由此产生的温馨的感觉远胜过任何花费。

21 牢记你的一言一行

除非你一直忙于没有效率的事情，不然你会问，为什么要牢记自己的言行呢？事实上正好相反，你越是一个优秀的经理，你越需要保存更多的信息。为什么？原因有两个。

第一，始终如一。你需要知道所有的事情，因为你将来会需要核对，"我以前是怎样做这件事的"这个问题经常会突然出现。你的团队需要你始终如一，如果你不记得你上次是怎么做的，你就没办法做到始终如一了。如果 Jim 上次赢得了那个重要的合同，你带他去吃了一顿高档的午饭；然后 Terri 做了同样的事情，你带她出去喝了杯咖啡，吃了一块蛋糕，她可能就会不高兴，下次再也不会付出她的最大努力了。所以要记下来，然后核对。同样的，如果你告诉顾客 X 他们得到了和顾客 Y 的相同的待遇，但是后来他们发现这并不是真的，他们就可能不再跟你继续往来。因此，你必须始终如一。

第二，证明。做一个优秀的管理者，可能会招致嫉妒、怨恨和不信任，不是每个人都像你那样坦率。如果你的团队付出 110％的努力，但另一个差劲的主管只获得团队 60％努力的回报，你的团队就可能会认为你暗中搞鬼，而不考虑自己差劲的管理技能导致的管理不善。能够证明成功的项目来源于哪里，或者能够证明你做到了所说的每件事，这些也许都是非常有用的。

决策被制定完成、备忘录被送出、电子邮件写好后和上呈报告时，对每件事情都要有记录，所有电子邮件都需要保存。这没有什么大不了的，因为现在电脑的储存空间这么大以至于如果所有发送过的电子邮件都保存起来也只占计算机的一点小空间。

你越是一个优秀的经理，你越需要保存更多的信息。

22　对矛盾保持警觉

　　管理团队，等于在处理人与人之间的关系。有时候他们就想激怒彼此，为什么呢？谁知道呢，他们就是如此。不是侵犯彼此的空间，偷吃别人的饼干，就是占用别人的停车位。这是谁挑起的？谁知道呢。你能容许他们继续下去吗？当然可以，不过最好要把这种现象消灭在萌芽状态，你必须在摩擦冲突开始之前就有所警觉，并且要采取一些措施，让冲突持续存在是没有意义的。做这样的事，你需要留心注意，你必须非常了解你的团队，以便真正地发现那些最先出现的征兆。

　　如果你不能把这种现象消灭在萌芽状态，它就会形成一场大灾难。从鸡毛蒜皮找茬的小事，最后发展成一场全面的战争，而其余的团队成员也会被卷入战局。

要小心什么呢？多余的抱怨："天哪，我真希望 Clare 不要再对我唠叨！"喃喃地鸣不平以及恶意的流言蜚语；在毫无预警下发生激烈的争执；莫名其妙的划清界限（比如用盆栽植物、书或电脑遮住彼此的视线）；某些人被排斥在办公室社交活动之外；不敢对他开玩笑。

我确信你对此所知道的和我一样多，而你要时刻提防，保持敏锐精明，秘诀就是在它变得太糟之前阻止它。在这个时候，你必须是有权谋的人、父母、政客、仲裁人，你不能让别人看到你有所偏袒，而是要快速和果断地做出行动，并且强调不能容忍长期不和的情况存在。召集他们，和他们讲道理，隔离他们，让他们待在不同的地方工作，或干脆让他们成为工作伙伴。我相信你会在正确的情况下，在正确的时间，选择正确的方法，要做的事情很多。

你不能让别人看到你有所偏袒，而是要快速和果断地做出行动。

23 创造一个和谐的气氛

如果你的员工整天绷着脸、垂头丧气、意志消沉、不友善将会影响你们的日常工作，他们会以相同的态度对待顾客、同事，以及其他人。最重要的是，他们会以这种态度与你一起工作和对待你。

真诚地说声"早上好"并不需要花费什么，说的就是这个意思。这并不是让你去做确保与会的每个人都有一杯咖啡或茶水这样的琐碎小事。只需要做的是花一秒钟来问候，"你今天怎么样?"对所有工作场所都适用的三条规则是：

- 礼貌

- 友善

- 亲切

我们都曾经认识成天喊叫、粗鲁无礼、无理取闹的上司，但是，就像恐龙，他们已经绝种了。这样的人不得人心，不会长久存在，我们可以继续前进了，人们有权去给予别人：

- 彼此尊重
- 文明的行为
- 尊严

如果你不能够给予他们这些东西，你就不是一个真正的管理者，但是我相信你能够。创造良好的氛围是很简单的，要从上到下。你要愉快、考虑周到、有礼貌以及乐于助人，这是你的工作和责任。你的团队成员是你的资源之一——你最终成功的工具、武器。没有他们，你将一事无成；有了他们，你就拥有一个团队。要友善地使用他们，不要辱骂他们，要对他们以及他们的生活表现出真诚的关心。不要以没有时间为借口，要尽可能抽出时间。

没有他们，你将一事无成；有了他们，你就拥有一个团队。

要创造一个和谐的气氛，我认为最合适的词是"谦恭礼貌"，这虽然是老生常谈，但屡试不爽。它有着让员工在他们通常会拒绝的轮班时间仍然努力工作的魔力。

24　提倡忠诚和团队精神

　　如果你们一起工作，那么你可能与你团队成员相处的时间要比与你的家人相处的时间还多，同样，你团队成员与你相处的时间要比与他们家人相处的时间多。因此，你们最好能够同心协力共同奋进。现在你们没必要彼此喜欢，但是你们必须成为一个大家庭，而要做到这最好的方法就是激发忠心和创造团队精神。你作为管理者，必须成为这个家庭的大家长。

　　你与团队在一起的时间要比陪你家人的时间还多，同样，你团队成员与你相处的时间要比与他们家人相处的时间多。

你应该受到尊重、被信任，这并不容易，你全都能做到吗？你当然能做到，你所必须做的就是：

- 奖赏他们

- 赞扬他们

- 包容他们

- 信任他们

- 鼓舞他们

- 引领他们

- 激励他们

- 培养他们

- 真诚地关心他们

有许多事情是说着容易做起来难，大体浏览一下就说"是，是，我做到了"。现在用一秒钟再返回去认真地想一想每一件事，你真的做到了吗？你能做得更好吗？你确定你不是以为你做到了，而也许你实际上并没有做？人们认为他们所做的和他们实际所做的事实上是非常不同的。寻找一些你可以从他们身上获得诚实反馈的人，最理想的就是你团队中的一员。

——如果没有，那可以看看你和你的团队一起工作的人，他们对你做的事会说什么？

我曾经和一家公司是竞争对手，他们经理的一个团队成员和我的一个团队成员约翰（John）一起生活，她告诉约翰她老板所有的计划、数据、成果、未来目标等，所以我每次都可以打败她的老板，既然这样，当她在和约翰讨论工作的时候，很显然就看到了我全部的资料，那为什么她不告诉她的老板呢？很简单，她不喜欢她的老板，那个老板对员工粗暴无礼、口出恶言、工作不配合而且很不友好。而我也不是那么容易击败的。我虽然很严格，而且公事公办，但是我对待员工的时候，我尊重他们。我不必花太多心力，因为我的竞争对手做了足够的错事能够让我看起来很优秀。

25 信任你的员工

你有一台经常会死机的电脑——这是一个既定的事实；你有一辆车，它会时常坏掉的，甚至只是一个小毛病——这也是一个既定的事实。现在你不用小心谨慎地注视着这两样东西，以防它们显示出任何坏掉的征兆，你有吗？不，当然不。所以，不要再像那样地注视着你的员工，他们是完成工作的工具，他们时常会坏掉、会失败，但是我们要接受他们的缺点——第13条法则，要允许他们犯错误——第12条法则，而且我们要接受我们不是在管理他们，而是在管理工作进程这一事实。

如果你能够做到信任你的员工，那么你必须向他们表现出你正是这么做的。信任不仅必须要做，而且必须要被看见在做。有时候你必须做一场不干涉他们、放手让他们去做的秀。

你通过退后不去干涉，放手让其去干他们的工作来向他们表现你对他们的信任。不要再监视他们，不要每隔一段时间就去检查，不要每次他们移动或咳嗽或站起来你都要紧张地查看一下。要放松，放手让他们去做。你仍然可以要求他们每天或每周结束的时候向你汇报，然后鼓励他们来和你讨论任何问题。只要使他们清楚你信任他们，而且如果他们需要支持和指导，你会始终守候在那里的。

不去干涉，放手让他们去干，可以表现出你对他们的信任。

但是，如果你真的不信任他们怎么办？如果你知道他们是一群懒惰的、没用的、没有进取心的冒失鬼怎么办？如果他们的确是那样，该怎么办？这是谁的团队？是谁雇用、训练和纵容的？

对不起，听起来有点逆耳，但是有时候我们需要面对现实。如果你不能够信任你的团队，你需要反省一下你自己的管理方法，或者多读点书来充实自己。一个优秀的团队领导（就是你）才会有一个优秀的团队跟随着他们，如果团队是有缺陷的，那么领导力就得接受挑战了，但愿这不会是你。如果团队是健全的，你就能够信任他们。如果团队真的不可信任（你对此确定吗?），那么你必须有所变革了。

26 尊重个体差异

我有几个孩子,我期望他们像一个团队一样活动,但是我也足够明智地意识到他们都是完全不同的,如果我试图以同样的方式对待他们、对他们运用同样的规则,没了纪律,他们就会叛变或者造成混乱。现在他们其中的一个,我在这里不会提任何一个人的名字,但是他们会知道我在讲谁,别人不能催他,无论如何也不行;如果你推他,他就会死死地稳住脚跟,使人没办法将他移动;你必须用诱导的方式,才能让他稍稍加快速度。但是,我还有另外一个经常得想办法让他慢下来的儿子。我必须尊重,以及利用他们的个性差异,我也只能这么做。

那么,你的团队也是一样的,一些成员能被催促,其他人不能;一些人需要让他们慢下来,其他人需要让他们加快步伐;一些人会带着开心的笑脸来工作，但有些人一大早就绷着脸，让你不敢去惹他们；一些人非常精通技术，有些人则一窍不通。返回去再看一下Meredith 在第 2 条里所说的，然后看一看团队中的每一个人都表现出了哪些不同，而正是那些不同，才使你的团队走向完美。

如果我需要让孩子迅速地做某件事，我就知道我该叫谁来做；如果我需要更慢、更有条不紊的方式来做，我会选择另一个孩子。

你不需要让任何人因为他们是不同的而逃脱处罚——将这条准则用在正确的地方——这条准则是告诉你要如何对待个体差异、并知人善用。我们都是不同的，感谢上帝，我意识到，如果世界上每个人都一样，世界是多么可怕——差异让一个团队能够完美地被建立。

差异让一个团队能够完美地被建立。因此，如果你在管理一个销售团队，假设大部分成员都较严肃和急性子（就像你），但是有一个人个性随和，喜欢和他的顾客讲闲话，不要把他标记为"差劲的销售员"，通过他取得的成果来评价他，如果他实现了他的目标而且他的顾客喜欢他，那么我们就应该尊重个别差异！

27 积极倾听

如果你认为你全都知道，那么你可能会忙于聆听自己，以及聆听别人说自己有多么伟大，而没有时间去倾听其他人的观点。但是，我知道你不会这样。每个人，不论他的职位或工作有多么卑微，都可以为你提供一些信息。试着去和电梯操作员、停车管理员、小卖部售货员、清洁工谈话，不论是谁，不论什么话题。而且最重要的是倾听你团队内的成员，他们是必须和资源以及产品打交道的、熟悉内幕的人，他们是在前线的人，肯定拥有自己的观点、好的观点。你不需要和他们商讨每件小事，而需要商讨大事……那么，和他们交流，听取他们的意见、建议和创意。

听取他们的意见、建议和创意。

显而易见，你必须注意，你虽然在倾听他们，但是负责的人仍然是你。你可以听，但是这并不意味着你都要按他们的观点来行动，要把如果他们提建议你就必须得实施的意识消灭在萌芽状态。倾听，吸收，然后根据你所听到的、你自己的经历和观点以及实际情况来做决定。这其中存在着可怕的问题，你倾听了但是不按照他们的建议行事，他们就会变得非常沮丧——"告诉老板我的观点有什么用？那些观点又从来不会被采纳"，这样就徒劳了。

你在倾听的时候一定不能告诉他们你必定会使用他们的观点，所以，当最后的决定跟他们的意见有所不同时，他们也不会失望。但是，你可以让他们认为自己的观点已经融入到你的整体策略里了。

事实上，几乎所有与我共事的人，都能提出一些很有建设性的建议，像团队成员或公司出了什么问题，或者如何把事情做得更好等。如果你对此比较开明，那么就提一些恰当的问题，然后没有偏见地倾听，或者详尽地讨论，这样相对于大多数管理者，你立刻就和他们不在同一个层次上了。

28　用不同的方式对待不同的人

　　用不同的方式并不代表着你必须成为一条变色龙，它意味着你必须要对你团队的每个人的独特性有足够的敏感度，并且对其充分利用。你也许会拥有喜欢被公开表扬的、好交际的成员，也许会拥有更偏爱于私下告诉他做得很好的、比较安静的、善于反省的成员。因此，改变你的方式并没有变换你的皮肤、性格，而是对待不同的人用不同的方式。

　　你必须要对你团队的每个人的独特性有足够的敏感度，并且能够因势利导。

　　我曾经有过一位非常优秀的团队成员，她能够完美地完成她的工作，但是她确实非常讨厌受到赞美，会费劲一切力气去避开任何赞美。她也非常讨厌别人以任何方式评论她——不论什么方式——这几乎要接近恐惧症了。有一次，我在进行半年工作测评的时候，我必须非常体谅地为她而改变风格，因为如果她听到我要做一次半年工作测评的风声，她就会惊慌不已。而我还有另一个团队成员，他每天早上都会热情地跟我打招呼，然后问我，"老板，我的表现如何？"他的确非常喜欢谈论自己，非常乐意做每日测评——如果我要做的话。两个团队成员都能出色地完成工作，如果他们不出色，也不可能在他们的位置上。但是，他们的确需要用完全不同的方式来管理。我想让他们两个都继续出色地工作，所以我必须有区别地与他们进行互动，使他们有最好的发挥。

　　类似的，一些人不喜欢被干涉，喜欢创造机会，而且如果他们需要帮助，会来告诉你（聪明的自我激励者）；而其他人则需要你指导他们的行为，给予他们明确的项目去做。不要对前者过度控制——他们会抵抗，会恼怒（而且很有可能会离开）；同样的，不要对后者控制不足，否则他们会因为他们的工作缺乏体系而感到精神紧张，就不会努力工作了。试着多为每个人设想，好好地考虑一下他们需要什么以及什么能够激励他们，并据此来调整你的管理风格。

29 让别人认为他们懂得比你多（即使他们并没有）

这是一条简单的准则，我确信很少有管理者用过这一条。为什么要有这一条呢？因为这样会使人们感觉到自己很特殊、很重要。你必须做的就是对你的员工说，"既然你懂这些，你认为怎么做会比较好?"这一条规则的关键原则在于：

- 询问他们的看法
- 获取他们的观点和见解
- 给予他们比以前所承担的更多的责任——你会惊异于人们总是能因此有所进步
- 和他们讨论重要的事情或议题
- 鼓励反馈
- 不要因为某些人是"微不足道的员工"而无视他们

关于某一主题，即使你知道自己比他们了解得多——你也要这样做。他们会感觉很好，他们会表现得更好，他们会从你们的谈话中学到东西，也许你也能学到。

当你做这些的时候，要带他了解企业的整个工作流程，不要把他们的观点局限于自己的部门当中。你必须让他们看到自己在工作整体计划中的重要角色，他们的贡献是如何的有价值和有帮助，如果没有他们，大家将会无所适从。

就像你愿意带一个有价值的顾客到处参观一样，带他们四处参观，让他们知道公司秘密进行的计划："我们将新的 XP8 涂层用在我们的硅芯片上，不像仍然使用旧的 XP5 马瑟斯和克劳利，但是无论如何，我希望你们知道这一点，要对此保密，就像我们去年偷偷地从竞争对手抢下 DVLA 合约一样，可以吗？"

要始终让他们知道你企业中的发展情况——也许你可以为他们订阅你们企业的时事通讯和杂志、技术刊物和论文等类似的东西——让他们认为你觉得他们会对此感兴趣和想知道更多，这将会激励他们持续学习，并且了解得更多。

激励他们持续学习，并且了解得更多。

30　不必非要强辩到底

我知道你是老板、管理者——而且是非常优秀的一个，我说是也许，但是你不要常常非要强辩到底不可，工作不是小孩在斗嘴。

如果团队里的人公开反驳你，那么就有两种可能：要么是他们在参与争论中有足够的自信（你应该赏识这种事）；要么就是他们超越了界限，而你强加纪律在他们身上也不足以阻止他们。只有你才能判断这是事情出了问题的预警信号，还是事情正确运行的信号。

如果他们超越了界限，那就有一个纪律问题，很显然你需要私下处理这件事。另外，要记住你的员工是成年人，你必须要给予他们成年人的空间，那就意味着他们有时候会意见不合、争论以及发脾气。在一个优秀的团队里，这是很好的，在这样的团队里，人们可以高声谈论，而没有人表示不悦，这当然不会在一个差劲的团队里发生。

　　你不必常常争辩到底、或者在每件小事上都要纠正员工，这是不值得的。有时候，不论他们是对还是错，都不要再说了。了解哪些事情重要到你必须强辩到底，而哪些事情并不重要，这才是真正的关键所在。

**　　在一个团队中，大家可以各抒己见，但却不会有人因而怀恨在心，这才是良好的现象。**

31　知道每个人都各司其职

我曾经相信，要成为一个优秀的管理者，不只要做好分内的工作——管理，此外还得能够做好团队每个人的工作。我在内心深处思索过，即使没办法比他们好，我至少应该做得和他们一样好。因此，我认为如果一旦有紧急事件发生，我就可以充当临时代理人做他们的事情，然后所有的事继续正常进行。是的，我想你也会像我以前一样，可是如果我做了他们的工作，那么谁来做我的工作呢？

答案当然是：没有人。

关键是对所有工作都需要什么、承担什么要有实际的理解，但是要意识到你不需要实际操作。是的，在危机事件中你的确需要应变方案，但是，这不意味着你得亲自执行他们的工作，你最好还是留在管理岗位上。要理解角色，最好的方法就是了解它怎样发挥作用，解决什么问题。但是你不需要像你的团队成员一样必须能够实际做到——因为你付他们薪水了。关于"养狗自己吠"的一些事，你需要知道看门狗的责任何在，而不是你四处走动去咬那些不速之客。

你不必亲赴前线，这是他们的责任——也是他们获得酬劳的原因。

你常常会雇用某些人去做那些你不知道该如何开始的专业性工作。你可以是一个发电厂的经理，你不需要知道如何计算钵的保存期，但是你需要确保所雇用的人员懂得计算就好。

对于你的所有团队成员来说，了解其他人都在做什么也是很重要的，这当然有助于提升团队精神和忠诚感。

32 让下属知道你对他们的期望

告诉一个人他的工作和合同内容，然后就去休息并期望他们能够立即着手去做，这很简单。问题是，这会导致人们的困惑，并且浪费很多时间。最好让他们从开始就知道你对他们的期望。

让他们从开始就知道你对他们的期望。

那么对他们的期望是什么呢？这要比工作本身多很多。你必须思考每一个个体角色以及你对那个人的确切期望。

人们知道他们在战略计划中自己的定位，以及期望他们取得什么成果是至关重要的。要让团队成员知道团队和公司的价值、标准以及在态度和行为（坦率的？诚实的？富有想象力的？有同情心的？热心的?)方面对他们的期望是什么,这是非常必要的。此外,他们也应该控制自己的情绪、守时、加班、同事之间的相处和危机管理——任何事情。

对于一个新雇员来说,能够得到有经验的老员工的指导将会是非常有益的。

还有一些工作关系中的指导方针也要让他们知道,除非他们知道在某些特殊场合应该如何反应,否则对他们而言就是不公平。举例来说,如果你没有明言禁止,你就不该责备或嘲笑在茶水间从事亲密举动的员工——我先前的一个工作,别人并不会在意这些事。

33 设立统一标准

　　我曾经共事过的一位经理非常情绪化，总是喜怒无常。当她高兴的时候，每个人工作效率都很高，而且工作愉快，这时如果遇到一点小问题，她也不会发火。但是，当她心情压抑的时候，即使谁的笑声大了一点她也会无法忍受。

　　我说过，这个经理也有脾气好的时候，但是他的手下却时刻不敢放松。他们也不知道经理什么时候脾气会好，所以总是如坐针毡。大家总是在猜测经理的心思，她会对一份包含所有事实但是格式上凌乱的报告满意呢，还是会让你整理后看起来完美的时候第二天再拿给她看呢？她需要一份简明扼要的报告呢还是一式三份？很难判断，这取决于她那天早上的心情。

　　那么，她手下是如何工作的呢？如果你曾经有过相似的经历，会知道答案的。她的团队士气低下，非常沮丧，很显然，他们没有什么统一的标准，因为他们的经理就缺乏标准，完全情绪化。

试想，如果一个团队不知道经理的标准是什么，他们就缺乏激励的机制。他们以你为榜样，如果你的言行都缺乏统一的标准，他们就不知道自己要干成什么样，或者如何干活。所以，你对自己设立的标准要坚持始终如一，如果什么事情在周一的上午10点是不能接受的，那么，到了周五的下午4点它还是不能被接受的。如果一份文书工作规定要按照特定方式来完成，那么每周的每天都要坚持按照惯例来完成。

如果你只设定了最基本的标准，不要期待团队的其他成员会按照高标准来行事。如果你总是摇摆不定，人们就会迷茫，所以很难出色地完成工作。例如，如果你要求人们提交一份详尽的文件，而却允许个别人提交杂乱无章的文件，这公平吗？要想在团队中形成良好的道德风尚，并且将这种良好的工作氛围转化为持续的业绩，唯一的办法就是设立一个统一的标准，并且持之以恒地坚持。那就是，不管你是现在问我，还是下周问我同一个问题，我的回答都是一样的。

如果什么事情在周一的上午 10 点是不能接受的，那
么，到了周五的下午 4 点它还是不能被接受的。

34　利用积极的态度强化动机

如果你的员工做了一些出色的事情，告诉他们，再告诉他们，然后再重申，继续下去，书面告诉他们，给他们发送一张便函——以便他们保存，写入公司的时事通讯，在他们的资料里加以记录，无论如何要让所有人都知道他们做得多出色。这是一种表扬和激励你团队（当然还有个体成员）的快捷而且廉价的方法（在有限的预算下，这一点很重要），同时让每个人都知道你在关注、赞扬、激励。

当你表扬别人的时候，要尽量简单、直接。如果他们为了完成一张特殊的订单而工作到很晚，那你就对他们说："感谢你工作到那么晚，没有你我们真没法完成这订单。你的积极努力让我们（特别是我）的工作变得更简单了，谢谢你。"这要比"在7号的晚上，你被临时调去履行额外的轮班职责，致使进度超出团队的预期，在此我们表示谢意……"要好得多。

当你表扬人们的时候，要尽量简单。

让他们知道你为什么要感谢他们——你让我的工作更简单了，而非只是谢谢他们所做的事：你多加了一天班。

要以个人的名义。使用"我"和"我们"，而不是"管理层"，以你愿意的方式说"谢谢"。"我想谢谢你"要比"管理层想对你表达谢意"这样好得多。

工作一旦完成就要立即表扬，而不是在一周以后，最迟第二天就表扬。每次人们做了超出正常职责的事情都要表扬，如果要求他们每周加一次班，那就成了他们正常的工作模式；而我们在这里讨论的是临时额外的、超出正常状况的工作以及额外的努力，以及类似的情况。

如果你善用这种方式强化正面的行为，你当然能够保证这样的行为再发生一次。如果你没有注意到，或忘了表扬，那么你的团队就有可能不再付出他们最大的努力了，这能责怪他们吗？

35 不要为不合理的体制辩解

有一次，我乘火车赶赴一场会议，在车上我遇到一个问题。那是一个简单的问题，有人不小心撞到餐车厢的安全门，然后就拉响了警铃——或其他什么东西。按照程序，火车必须先停下来，直到系统重新被设定为止。我们就这样寻找和等待火车管理人员前来处理，让他们重新设定警报系统，就这样简单。

因为这个事故，我迟到了很长时间才抵达会场，所以当提出质疑，难道没有一个更好的处理方法——比如说，让餐车厢的员工重置警铃，火车管理员花费了20分钟的时间向乘客解释，为什么这个系统对所有相关人员都是最好的，相关人员包括：他、餐车厢的员工、铁路当局，总之是除我这个可怜的乘客外所有的人。如果他说："是的，这是一个没用的系统，我会建议改变这个系统，谢谢你的关心。"

这样会好得多。

　　我确信在你的组织里有一打没用的体制——我们的都这样，最好不要试图去证明它们是正确的。如果你不能改变它们，那就忍受它们、继续使用它们。但是，不要试图欺骗员工以使他们认为那些体制是极好的，那并不是，而且如果你试图让人们相信那些体制是很好的，那么当他们知道事实的时候，你就会失去他们对你的尊重和信任。

不要试图欺骗员工说这是好的体制。

　　我不是说你应该到处去大声地悲叹公司里不好的东西——这样非但不会产生好的效果，而且只会导致公司破产。要记住如果你不能说一些好的东西，最好什么都不要说。不要为你自己都知道的愚蠢行为进行辩解，尤其是不要向你的团队证明。

36   鼓励创新

　　优秀的管理者——你，要保持创新，不要局限于做事的旧方式。这就意味着没有一个"不，我们不会这么做"的潜意识。相反，要用"这是一个有趣的观点，你认为它如何发挥作用?"来代替。

　　你不仅需要自己提出新观点，而且也需要鼓励人们提出新观点。对新观点进行试验，每周选择一个新观点来试验。这也许会非常简单，例如，"我们希望在早餐中，饼干的种类能有更多的选择"，或者一些激进的观点，如"大家注意听，我们准备使用一种全新的方式来销售和分销"。

　　很显然，首先试验关于小事的观点以确保你的团队能够很好地应对变化，然后再继续试验更加激进的观点，这是非常有意义的。改变也要慢慢地进行。

让你的团队成员对他们自己的工作也要引进新观点，也要像你引进新观点一样快，这样他们才不会变得陈腐。如果每周每个人都有一个新观点，那么到年底，他们和整个团队将会积累很多新创意。"我刚刚想到如果我们……就可以加快进程"；"哇，我可以采用这个观点，把它用到我的工作上去，然后我就可以……""是的，而且我确信他们会对报告中的这个新观点感兴趣的，因为它能够加快整个……"

如果每周每个人都有一个新观点，那么到年底，他们和整个团队将会积累很多新创意。

管理者最大的挑战是什么？就是说服团队愿意变革——每个人在开始的时候都会对变化进行抵抗。如果你失去兴趣，那么整个团队也会失去兴趣；如果你保持激情，那么整个团队也会受到感染而喜欢上变化。要相信我、信任我。我知道你已经有很多事要做，但是我们可以多授点权，这样就会空出一些时间，那你就有更多的时间来做这件事了，不论如何，这也是你工作的一部分——管理。

鼓励创新，奖赏好的点子，从而创造一种让每个想法都能被注意并被重视的文化（即使没有被采纳）。

37　训练下属带来解决方案，而不是问题

　　员工很容易抱怨，我认为这是一种习惯。你必须培训你的员工不要只是抱怨。你可以允许他们抱怨，但是要坚持一条，那就是如果他们给你带来一个问题，就必须也给你一个解决问题的建议。面对任何存在错误的观点都应该问"你想要我对此做些什么呢？"如果他们抱怨，就问他们"你认为我们应该怎么做？"

任何的问题都应该伴随着："那你觉得我应该怎么做？"

　　我曾效力过的最好的经理把这一措施延伸得更远，他让我们先告诉他解决问题的方法，然后他猜我们的"问题"是什么。这就像一个

充满乐趣的游戏，但是有时候也得让我们立即思考，使我们对自己的抱怨有更多的思考。我曾经对我们的警卫人员有些不满，我认为他们从来不看监视画面，只是偶尔拿抹布擦擦屏幕罢了，这并不是他们应该做的。因为如果出了什么事，那么就是由我来负责。我需要他们看得仔细一点，但是对此我没有想出一个解决的办法，而且我不能跑到老板那里抱怨，说他们不能正确地工作，我必须先提出一个解决办法。

　　我渐渐地理解了，我不需要去老板那里，我能够自己解决这个问题。我只要让那些警卫人员认为屏幕上有值得观看的东西就可以了。于是，我就跟他们说有员工在公司的某个地方发生性关系，这有可能被监视器的摄像机拍了下来，但是没有人能确定是哪一部摄像机。摄像机覆盖到的有停车场、办公室、走廊和地下室的仓库区。结果，这些警卫开始观看它，就像是他们的生活依靠一样地观看它。我的老板非常高兴，因为这是我工作任务的一部分，而他也已经注意到警卫不能正确地完成工作了，而且还准备因为这件事责备我。但是我却提出了解决问题的方法，而没有去老板那里抱怨"那些警卫不能正确地做他们的工作……"

　　不可否认，一旦警卫意识到不会看到任何猥亵的画面，但是他们花费了很长的时间去观看屏幕，他们不停地回看，以防万一……我就必须得提出新的解决办法了。

二、管理自己

这是管理一个团队的基本规则。而且很显然，大部分管理者都得管理一个团队，但是所有的管理者也都得管理他们自己。所以下一组法则是为你而准备的，这些法则是帮助你变得不仅更加高效，而且更加有效。当然，你也可以对这些准则置之不理，但相信我，这么做不会让日子过得更轻松。

做一个管理者是一份艰难的工作，因为它常常同时是两份工作，你必须完成你自己的工作，同时也要顾好一个团队。我们的管理层级越高，与我们原始工作偏离得就越远，而且没有人会去训练你，让你对这份新工作——管理——能更上手。当然，我们还是得继续学习某些课程，其中一些是非常多余的：比如乐高积木造桥倒立拼图，或者在周末划独木舟，所有的这些都是以管理训练的名义做的，但是我们不是专门要训练成为管理者，管理在某种程度上是我们在工作中无意学到的。当然会有少数优秀的、天生的管理者，但是我们总是在到处蹒跚而行的时候无意中学到管理知识。无可否认，管理是一个边失败边学习的过程。

　　在课本上学到的东西大部分都是非常显而易见的，纸上谈兵，而我在这里所做的就是教给你那些不成文的东西，也是无法在周末泛舟学到的经验。

38　努力工作

管理的基本法则恐怕就是：完成自己分内的工作，并努力地工作，以求有出色的表现。如果你无法完成基本工作，那就不可能成为一个卓越的管理者。你必须比其他所有人都提早进入办公室，无论如何，你必须付出更多。

一旦你把所有的工作都清理了，你就能集中精力管理你的团队。必须高效准时地完成文书工作，这里我不想告诉你冗长的时间管理原则，只是简单地提醒你，你必须：

- 有组织性
- 奉献
- 有效率
- 专注

你必须努力工作，并且让工作顺利完成。管理不是到处闲逛着发布命令，看起来似乎很酷。实际上管理是在不显眼的地方进行的工作——在没有人看见的地方完成的工作。

如果你想知道你现在是否已经成为一位优秀的管理者——看一下你的桌面。现在就做，你看到了什么？整洁而有条理的空间？到处是纸张和一堆堆未分类的资料？同样检查一下你的公文包、文件夹，甚至电脑，有秩序还是混乱？

你必须努力工作，并且让工作顺利完成。

你需要使用任何可用的工具，以确保你的工作能够出色、准时地完成。列出清单来，在你的电脑上使用弹出式日历、委派，寻找帮助，熬夜，早早起床，更早一点起床——显然你仍然需要参考第 75 条法则：准时下班，你必须拥有家庭生活。但前提是你要完成工作并且学会非常有效地、高效地工作。

39 以身作则

如果你上班迟到、无精打采、和顾客争吵、对人无礼、工作质量差劲，那么你的团队可能很轻易就毁于一旦。我假设一个更贴近生活的例子：如果你不仅上班准时，而且早到，能够保质保量按时地完成工作任务（见第38条法则），塑造一个高雅、诚实、有教养的形象，运用你的智慧，那么你的员工就有可能做到最好。

每个人都需要向他们尊重的某个人看齐，想去模仿这个人。朋友，不用怀疑，这个人就是你。我知道这难以想象。如果你认为英雄形象已经过时、甚至有点多余，那么你再想想，你团队中的每一个人和你都有特别的关系。你是他们的领导、他们的鼓舞者、他们的老板（这是一个让你不寒而栗的词语，但是这就是你）、他们可信赖的良师益友、向导、英雄、榜样、支持者、守护神。要成为这些角色，意味

着你必须树立榜样，必须扮演这些角色，你必须制定规范，你必须成
为他们的标准。

你要给你的员工一些追求的东西。

关键是如果连你都不关心，为什么要他们关心呢？你必须在你做
的每一件事中树立榜样。三思而后行，考虑你应该如何应对。"做我
所讲，而非做我所做"，一味的说教是不起作用的，你首先要示范你
想看到他们做的事情。

你也必须做得比标准更好，以便他们可以提升自己的期许。如果
你准备制造一个时间机器，那就在 Delorean 里改装吧。你必须给予
你的员工追求的目标，一个你想让他们追求的目标，那个目标就
是你。

在理想情况下，你要有某种个性、天赋，和一些创新的思想火
花，这些会让你从群众中脱颖而出。在这方面的楷模比如说劳伦·巴
考尔（Lauren Bacall）、卡里·格兰特（Cary Grant），而不是米特洛

夫（Meatloaf）或早期的麦当娜（Madonna）。①

你必须研究管理者这个角色，扮演好这个角色——方法就是用主管的角度去感受、思考。

---

① 非有意冒犯，他们都是杰出的摇滚明星，发行了经典的唱片，但是作为管理者的榜样，他们还未能做出成绩。

40 自得其乐

坦白而言，如果你不喜欢你现在所做的工作，那么你就尽快离开苦海，给那些喜欢做的人让位。在第 41 条法则中会有进一步说明，但是到那个时候，我们需要你对你所做的事情感到满意。开心地工作就是以出色地完成工作为乐，在内心深处感到欣慰，能够找到为之一笑的东西，而不把工作看得特别严肃（不，这并不意味着要你嘲笑别人，或降低工作标准）。

开心地工作就是在一个更大的背景里看待你的工作、你的角色。你可以非常努力，也可以开心地生活，在这里，鱼与熊掌可以兼得。你可以是多产的、有效的、高效的、勤勉的、认真的、可靠的、可信赖的，但你仍然可以有自己的乐趣，这是你的选择。没有人要求你必须是一脸严肃，你被雇用的唯一要求是做好工作。

没有人要求你必须是一脸严肃，你被雇用的唯一要求是做好工作。

最好的情况就是：如果你知道什么时候该严肃、什么时候该放松并在特定的情形下找一些幽默的东西，那么会有意想不到的效果发生在你的周围。

如果你在一个必须严肃和紧张起来的地方工作，那么这里给你一个小秘诀：没有人知道你脑袋里在想什么，没有人。只要外在表现出他们想要的，你在内心可以营造你喜欢的情境。

41 不要让工作烦扰你

如果工作让你感到很困扰，要记住它只是一份工作。当然，我们关心我们的工作，也会尽我们的最大能力去做。在我们不工作的时候，也在思考和担心我们的工作。我们也喜欢工作上有所增进，以及更具效率。

总而言之，工作只是一份工作而已。

看看你周围，你会发现这样一些人，他们认为他们所做的工作对地球的运转至关重要，或者对整个星球的正常运行关系重大。没有什么会比这种想法更偏离事实了。你可以通过各种途径享受你的工作，认真地对待工作和完成你的工作，但是要记得，它只是一份工作，它可能会被替代，你也可能会被替代，但地球依然会运转。

如果你现在的工作不开心，那么就想想你生命中更重要的事情吧。你的孩子，你的母亲，你的爱人。你的周末是怎么度过的？我想知道你不工作的时候都干些什么，是不是会做一些真正值得做的开心的事情来帮助你缓解你工作上的不愉快。通过做这些事情你会意识到有比工作更重要的事情。

　　你甚至可以在白天工作的时候找个不被注意的时间想想一些对你来说更重要的更有意义的事情，比如说午休的时候，从一个办公楼走向另一个办公楼的时候，甚至是你去洗手间的路上，这些时候你都可以短暂停下来提醒自己除了工作还有更重要的事情等着你去做。

　　当然，你也应该花点时间考虑一下为什么工作令你不开心，然后制订一些计划来改进工作状态。你需要缩短工作时间吗？需要改善一下同事之间日益恶化的关系吗？把精力集中在一个合约上？取消下一个计划？

　　不要让工作烦扰你，这并不意味着不去关心工作或者不为自己所做的工作感到自豪、感到欣慰。不，我的意思是说工作就是工作，下班时你应该回家并暂时忘记工作的一切，不要让自己被工作一点一点地侵蚀，而失去健康，或被压力压垮。

不要让工作烦扰你，这并不意味着不去关心工作或者
不为自己所做的工作感到自豪、感到欣慰。

42　知道自己应该做什么

你应该做什么呢？你认为这是一个很简单的问题，但是你真的清楚吗？就像当你的老板说："我想要你把这项任务尽快完成。"现在这很简单，难道不是吗？但事实上并非如此，"尽快"到谁认为快的程度？"想要"表示是希望还是需要？"完成"是所有的解释中的哪一种还不确定。

我知道听起来有点吹毛求疵、有点迂腐，但是我要在这里例证一个观点。你现在有一个团队，你必须去管理它。你有自己的预算、具体的数字和目标，而且他们之间必须相互满足。你有一个高瞻远瞩的战略并想具体实施下去。你有一份合约和一份工作描述。

但是，你应该做什么呢？你的当务之急是什么？你的收尾工作是什么？你的工作目标是什么？最近有什么变化吗（高级经理

人员有时会有他们改变想法的一些方式，同时他们希望你能够体
会到）？

"你的当务之急是什么？你的底线是什么？你的工作目标是什
么？"（高级主管有时候会改变他们的想法，却不做说明，要你自己
揣摩。）

我曾经为一位高级经理人员做过事，从所有的表象看来，他
想让我的团队获得成功并能达到多产，但是他似乎在阻挠我前进
的每一步。每当我想做一个可以让我们的绩效戏剧性地提升的改
变时，他就犹豫、拖延，并不做决定。我不明白我应该做什么，
我想尽我所能地为他管理好这个部门，但是他好像总是在我前进
的道路上设置障碍。最终，我发现了另一个由他的亲戚管理的部
门才是被期望成功的团队。他不允许我成为"小金人"，因为这
是他年轻侄子的角色。他想让我失败，这样他侄子才能看起来能
干，他期望我表现出没有胜任的能力。一旦我知道了这样的信息
——我应该做什么——我就能够有效地应对这项任务了。你必须
知道你应该做什么。

你的当务之急是什么？你的底线是什么？你的工作目标是什么？

43 知道自己实际在做什么

你在做什么？这是非常重要但是常被忽视的一条。你在做什么？

回答这个问题，你需要制订长期的和短期的计划。如果没有任何计划，就好比没有一幅地图，你就永远也找不到宝藏。如果你知道你是谁、你要去哪里，那你就是真正的杰克·斯帕罗船长——毋庸置疑的是，你将是一个出色的海盗。

如果没有任何计划，就好比没有一幅地图，你就永远也找不到宝藏。

你在为你将来的晋升奠定基础吗？你在原地踏步直到决定了要做

什么吗？你在为你的退休倒计时吗？你在收集信息从而可以转到竞争对手那里利用这些信息获利吗？你在等待被伯乐发现吗？你在学习更多的行业知识，以便获得升迁吗？你在快乐地享受、痛快地玩吗？你在为了便于管理，而打算裁掉1/3的多余员工吗？你在为能够吸引到高级经理人的注意而努力？你在只是为了做好一份工作并始终在企业占有领先地位而努力吗？你正在建立人脉吗？搜刮资源、创意、人员来建立自己的公司吗（哦，我已经看到有人这样做了，而且做得非常出色——你们很清楚自己实际在做什么）？

　　这里的回答没有对错之分。但是，一个错误的答案是："我现在没有头绪。"你必须知道你现在在做什么？不是你应该做什么，也不是别人想要你做什么，更不是公司认为你要做什么。但是，你实际上在做什么呢？当你知道你因为拥有保密信息而能够创造奇迹的时候，这保密信息也许其他所有人都知道，也许没有人知道，但是你知道，这是最重要的。

　　现在快速地查看一下你的团队，然后告诉我他们每个人都在实际干什么，这将是一个很好的练习。

44　珍惜时间

有一次，我作为高级经理参加一个冗长的讨论会，讨论的内容是是否要购买一台设备，因为有些人认为这个设备太贵了。我发表了我的意见（实际上，每个人都说了自己该说的，但是他们中的很多人重复说了好几遍），为了打发时间，我在笔记本的背面算起了这次会议花费了参会的每个人多少薪水。我很清楚每个人的工资，所以算起来比较精确。有趣的是，我们用来讨论是否购买设备的半个小时花掉的时间成本竟然是设备本身价格的两倍。

作为指定政策的管理者，你要清楚你的时间是宝贵的，无论什么时候都要记住这一点。算法当然很简单，只要把你的年收入除以 52 周，然后在除以每周你工作的小时数。然后把它作为习惯，无论你做什么的时候，看看你正在做的是否值得你的时间。

记住，对于很多公司，工资是最大的支出，即使不是最大的支出也是一个不小的数目。因此，作为管理者，无论你正在做什么，你都要考虑你所做的是否是你时间的一个好投资，如果不是，你就要停止。

你知道什么人在浪费你的时间吗？他们也在浪费你的雇员的金钱和时间，他们可以做更有价值的事情。因此，你要出面制止浪费时间的行为（当然是有礼貌的）。

当你感到自己在拖延时间、等待、做一些没有意义的事情、与同事闲聊、工作没有效率等，你要反省自己。公司雇用你是希望你能高效地工作，不要让他们失望。

当你的时间有限，而需要做很多事情的时候你就要考虑你是不是要放弃参加一些会议或者尽快结束报告。答案就在于哪个活动能让你获得更多的投资回报。

公司雇用你是希望你能高效地工作，不要让他们失望。

45 要主动，不要被动

　　我知道，大部分时间你都忙于手上的工作、整理文书，给植物浇水，无暇去思考怎样在未来成为一个能干的创新家。但是，作为一位明智的管理者——就是你，应该试着在每个星期抽出 30 分钟时间来制订未来的计划。试着问你自己一些简单的问题："我怎么样才能创造更多的销量?""我做什么才能获利更多?""我怎么样才能降低职员的离职率?""我怎么样才能把更多的精力转移到销量方面?""我怎么样才能提高会计程序的效率?""我怎么样才能进军另一个领域?""我怎么样才能让我的团队更加努力、更加迅速、更加高效地工作呢?""我怎么样才能让他们更加自由地进行头脑风暴呢?""我怎么样才能有效地主持会议而不浪费时间呢?"

　　有一句谚语，"如果你经常做你曾经常做的事，那么你只能得到你应得的。"这句话说得好极了。如果你不积极计划，你就会停滞不前，将会被别人迎头赶上。因此，你必须在水中不停地划桨、不停地前进。就像鲨鱼一样破水前进永不停息。因为如果你不这样做，会有很多其他人愿意这样做。

就像鲨鱼一样，永远破水前进。

相信我，我能体会你的难处。你打开你的邮箱，有大量的电子邮件需要处理，接着是公告，然后是有关员工的问题，其后是午饭，之后就是下午要做的事，以及让你焦头烂额的琐事，其后是短暂的喝茶时间，做不完还要打包回家，继续挑灯夜战。结果有一个白痴告诉我必须从塞得满满的日程中抽出 30 分钟的时间思考一下未来。是的，要你做梦。

但是，在这 30 分钟时间里，你可以把构思未来结合其他任务一起完成。每个星期我都会自己独自吃一次午饭，进行积极的计划，想一想未来，思考能够比竞争对手领先一步的方法。一个人去吃饭的理由是避免被打扰以便把精神集中在要计划的部分。

46　保持前后一致

如果你每天都穿一套正式的西装去上班，但是突然有一天，你穿着牛仔裤和一件破旧 T 恤出现在大家的面前，大家一定会对你投下好奇的目光。

如果你经常出色地完成工作，可是有一天你上交了一堆垃圾，人们就会觉得你挺糟糕的。

如果平时你对员工都是彬彬有礼的，突然有一天你大发雷霆，对着每个人大喊，那么他们就再也不会信任你了。

如果你平常都是很早就到岗，但是有一天你在中午才满身酒气地溜达进来，那么他们就不会再认真地对待你了，反而会认定你是个酒鬼。

人们期望能够从你那里得到什么，你必须保持前后一致，你必须对员工一视同仁，你必须以一样的方式做自己的工作，你必须避免把流言蜚语的聚焦点招引到自己身上，你必须无可指责、完美无瑕、诚实、可靠、可以信赖。

如果你经常出色地完成工作，可是有一天你上交了一堆垃圾，人们就会觉得你挺糟糕的。

但你没必要因此变得消沉、乏味或者枯燥无趣，你可以成为朝气蓬勃、精力充沛的、时髦的、乐于冒险的、富有创新和挑战精神的——只要确保你一旦决定要树立什么样的形象，就要坚持下去、始终保持前后一致。

47 为自己制定实际的目标

这里要讨论的不是公司的预算或目标，我们讨论的是个人目标和底线。你必须为自己制定目标或底线，否则你就无法界定自己是否成功。顺便说一下，和别人比较来判定自己是没有意义的。我常常希望自己能够在赛场上有优秀的表现，但是我跑得不快，这让我感到挫折。但是后来有一天我发现优异的运动表现似乎需要天分，很显然我没有这种天分。我是一个失败者吗？不是，因为天分是与生俱来的，我不能因为那样而自暴自弃。但是，我却擅长其他事情，而且表现出色，以下是我衡量自己成功与否的标准：

- 去年我做得怎么样？
- 过去的 5 年我做得怎么样？
- 我的个人目标是否已经达成？

• 我的长期目标是否已经达成？

评价自己时，我不会拿别人作为参照，因为那是不现实的做法。

我曾经拥有一辆摩托车——极棒的一辆，我非常喜欢它。在交通灯变成红灯的时候，我停在另一辆摩托车旁边，我细看了他的摩托车，"那正是我想要的"，我隔着我那极好的头盔对自己喊道。他也在看我的摩托车，显然也有和我一样的想法。当绿灯亮了的时候，我们一起轰响着发动离开，这时我意识到，我和他骑着完全一样的摩托车。啊，这变幻莫测的头脑，它让我们这样地过度激动，然后又打击我们、捉弄我们。观察每个人，我们都可能找到让我们嫉妒、羡慕的东西，但是你并不知道它们的内在是怎么样的。有人说，穿着别人的鞋子走一公里，但是你有可能已经走出一公里开外了，既然你已经拥有他们的鞋子了，那就赶快逃跑吧。

给你自己设定一些目标，但是要现实地设定。要成为世界之王肯定听起来令人印象深刻，但这是完全不现实的。

你的目标要富有挑战性并且是可达到的、现实的，但是需要付出一点努力的——把它们制定得过于简单或者过于困难都是没有好处的。

啊，这变幻莫测的头脑，它让我们这样地过度激动，
然后又打击我们、捉弄我们。

48　制订行动计划，并保持低调

　　没有人知道你的内心在想什么，没有人知道你希望攀到多高，也没有人知道你正在忙什么。记得第43条法则：明白你实际在做什么，你可以在做好你的工作的同时制订你的战略计划。你的战略计划应该包括长期的和短期的目标，你想成为一个怎样的人？希望未来到达什么成就？要达成你的成就还需要一些事情配合——你实际的处境。

　　你的行动计划应该包括长期的和短期的目标。

　　为什么要保持低调呢？因为公司的战略计划、管理团队的战略计划、你老板的战略计划不会和你的战略计划完全相符。这是一个人的战略计划，必须由你自己来保存，以便保护你的梦想、希望、抱负

——没有什么比被人泼冷水更令人灰心的了。很多管理都有它的局限，要能够看到那一部分，激发起你的自信心，走你自己的路。如果大家知道一个有自信的主管的行动计划脱离轨道，他们就会对你丧失信心。因此，或许你在未来打算另谋高就，但是不要告诉任何人，否则，即使你近几年都不会考虑离开的事，他们都会以为你现在每时每刻都有可能离开。如果你有一个快速晋升的战略计划，人们会以为你是个野心勃勃的人，也会因为你马上要被提升而不把长期的项目交给你，等等。把你手上的牌隐藏起来，要保持全心付出、承诺、可靠、勤奋、稳定的表现，即使在你心里计划着一场革命、攀登珠穆朗玛峰或者打算建立一个帝国。

49 摆脱陈规

或许你会认为我是在搬起石头砸自己的脚在一本讲规则的书里摆脱陈规？是的，清除不必要的法则，当然这不是我的法则，当然也不是你的法则，显然都是他们团队的法则。让你团队里的成员知道你是站在他们那一边的，你要精简所有的程序以提高效率，这就意味着要把绊脚石排除。

任何工作场所，都有一大堆原先的管理体制遗留下的禁忌、官僚作风、旧的法则等，把他们全部都清除掉。对你和你的团队所做的一切事情保持怀疑态度，通过清除任何多余的、不必要的、陈腐的东西让工作更加熟练、更加迅速。这样的工作就相当于清除屋子里杂乱无章的东西，如果你愿意，也可以当做是在调整屋子的风水。

为什么要做？为什么要以这样的方式做？

固定形成常规容易让人不再使用明智的视角、新的洞察角度。你每天开始工作时，必须以一个旁观者、咨询顾问的角度来看待这份工作。要问："我们为什么要做这个？为什么要以这样的方式做？"我确信你能找到许多杂乱无章的东西，也能够把它们消除掉。

我曾经在一个公司工作，在这个公司，所有要发出的信都要经过一个高级办公室秘书的"审查"，她是一只"母老虎"，至少有一点，如果你让她不高兴，那你的信就会直接被放在文件的最底部——而且会一直待在那里。为什么所有的信都必须由她经手呢？这让我不解，但是这种愚蠢的规矩，让我浪费了很多时间讨好这位女士。

精兵简政，既能节约时间，也可以使你的员工更加快乐和被信任，就这么简单。

50　从错误中学习

　　我们都会犯错——如果我们没有犯过错，我们就不会有今天的创造力。但是，一些管理者试图掩盖自己犯的所有错误，他们企图包庇、遮盖甚至选择忘却错误。你是一个聪明的管理者，是不会那样做的。你不会因为犯错而自暴自弃，也不会因为犯错而陷入巨大的痛苦之中，但是你会分析出了什么问题，和同事讨论为什么会出错，并且制订一个防止再出错的计划。

　　我们的错误有可能来源于不令人满意的实际操作、失去一份合约、一份不完整的报告、没有充分利用时间和资源、没有在规定的期限内完成的工作……当你记下你可能会犯的错时，你会发现这个列表是无穷无尽的。

　　当你一旦犯错，最重要的是找出一个更正确的方法，以便下次遇到同样问题时可以避开。

　　做管理者是一个持续学习的过程。永远不要站着不动，永远不要认为你已经知道一切——你没有，也不可能。但是你有信任的人可以咨询，有好的参考书可以学习，这些都可以作为你的向导。如果有人能利落又不留情面，告诉你实情，那就更好了。

　　错误能给我们以启示，它们不仅告诉我们哪里出了错，而且会告诉我们怎么样补救。而你会成为一个更好的管理者，经验丰富，当你犯错误之后，你就会获得更多的经验，处理实情的能力也会增加。我们都会犯错——承认它们，从它们身上汲取教训，继续前进。

**　　做管理者是一个持续学习的过程。**

51 不要墨守成规

你知道吗？你在工作中做着你曾经常常做的事，突然你不能够达到你的指标，销售量下降、员工流失率上升，事情总是一再出错。但是，你没有做任何你以前没有做过的事。你有一个成功的万能公式，但是它突然不再起作用了。我们能做什么呢？首先，要意识到曾经起作用的东西现在改变了，而且，改变总是突如其来的，快得我们无法及时作出反应，当有所察觉时为时已晚了。要意识到这一点，准备好快速应对，所以你必须：

- 走在行业创新的前面
- 赶上新技术
- 掌握最新的知识
- 熟悉新的方法

• 对销量的变化、市场趋势、员工离职、目标和预算的改变知道如何应对

不要墨守成规，如果你必须通过抛硬币来决定，那你要有接受现实的准备。一个卓越的主管能够快速并有技巧的应对改变，如果你不这样做，你将自取灭亡。

一个卓越的主管能够快速并有技巧的应对改变。

这是个放之四海而皆准的真理——如管理员工的方式，你可能有一种多年有效的方式，但是它突然不起作用了。你可能会保持不变，但是员工很快就会流失。最好准备摒弃你的旧方式，采用新的方式，也可能是你在不知不觉中、无意识地改变了。如果我们墨守做事方式，有时候就会意识不到变化带来的改变。你必须对这些默默潜入的变化有所警觉。

52 为事情排定优先顺序

我曾经为一个经理做事，他很喜欢问我们在为谁工作。我们说是我们自己，他摇头；我们说是他，他也摇头；我们说是董事们，他还摇头；就这样不停地问。他说，唯一的答案就是股东，我们工作的唯一原因就是创造利润，其他的一切都是废话。我们为股东工作，这已经足够了——不论他们是谁：如果你组建的是一人公司，可能就是我们自己；如果是一家没有上市的家族企业，股东就是公司的家族成员；上市公司的股东就是成千上万买公司股票的小股民。

切中要害，我们工作的唯一原因就是（不论其他人怎么说）赚钱。如果你所做的是为了赚取金钱，那么继续吧；如果跟赚钱关系不大，还是把这些事情放到一边去的好。现在有一个完整的衡量标准来判断你做的所有事。"这对我利润的提高是否有帮助？"如果是，就继续做下去；如果不是，就立即停止。

总而言之，没有钱，就没有业务；没有业务，就没有工作；没有工作，就没有抵押贷款、车子、面包以及出国度假。

没有钱，就没有业务；没有业务，就没有工作。

我确信，如果你坐下来仔细回顾一下你所做的所有事，大部分都是无用的。到突出重点的时候了，删掉废话，让自己投身于一件事，就一件事——公司的利润，这是精明的管理者与其他管理者质检的差异所在。精明的主管拥有清晰的焦点、远见、专注。

你要记得，你认识谁不重要，谁认识你才是关键。在职场中，有像工蚁一样碌碌劳作的人，但有些人则权倾一时。你要知道哪些是掌握权力的人——并且去结识他们。通常，高级管理人员都有自己的秘书——替其过滤要见的人。你必须和这些秘书打好关系，这就意味着你必须要有魅力、要有礼貌、要机智、要谨慎、要有小花招。

我曾经为一位老板工作，他聘请了一位商业咨询顾问做他非正式的秘书——庇护和保护老板，让他免受必须和员工进行的谈话。她姓伯顿（Burton），所有人都叫她伯顿小姐，而老板身边的人则昵称叫她 JB。

你需要知道哪些是掌握权力的人——并且去结识他们。

我开始也叫她 JB，但是开始几次她都用令人恐怖的目光看我，但是我依然没改。过了几个星期，老板听到我叫她 JB，以为我被接受进入她的好朋友和同僚，他开始对我委以重任，这就意味着我显然是老板喜欢的人她看到这种情况开始尊重我——这是一种良性循环他们都相信我是被对方所接受的，而我从双方获得了更好的对待。

许多人认为：老式的人脉系统并不会成为过去；或者即使没有过时，也应该淘汰了；或者它过时了，已经被一个新的体制所替代了，过去认识的重要人物已经不再有用；以及具有才华，根本不需要人脉。

上面的一些说法也许是对的，但老式的人脉系统永远不会过时，因为重要人物依然在一些特殊的团体活动。这些团体也许不是校友俱乐部，而是高尔夫俱乐部、慈善事业俱乐部、早餐俱乐部、大学校友俱乐部、家庭俱乐部、先前工作的地方、老朋友俱乐部，不论什么都可以。人们总是喜欢围绕在自己认识的人群中，对这些人异常信任。你必须去认识那些在我们需要认识的人周围的人，获得他们的友谊，然后变成重要人物周围的人——最后，你就会自然而然地成为重要人物的一分子。你要怎么做，就全靠你自己了。

54　知道什么时候该把办公室的门关上

对于一个管理者来说，保持开放政策是个不错的想法，但是有时候，你最好把门关上，好让你可以：

- 专心做自己的工作
- 开个秘密会议
- 让你的团队知道你不想被打扰
- 让你的团队知道你是老板，而不完全是他们中的一员

显然，像你这样一个优秀的管理者喜欢实行开放政策，以便员工在需要的时候有机会接触到你。但是有时候，在心理或实质上为自己建立一道围栏是必要的。你看，成功管理的秘诀就是不论你和你的团队有多么亲密，总要有一个时刻，有必要让他们知道你是老板。

有时候，在心理或实质上为自己建立一道围栏是必要的。

实行民主制度好是好，议会和委员会的设置也是合理的，共同讨论也是有收获的。但是，当有压力推着你的时候，你必须准备负起责任来，这就意味着你要凭感官来判断，实行强硬的命令，做真正的老板。偶尔，你可以用关起门的方式来加强他们的这一点意识。你不一定要成为一个冷酷、苛刻或者独裁的老板，但是你必须成为一个老板。

一些管理者发现自己很难做到果断、有老板风范，如果你是这样的人，我建议你，可以练习把门关上，这是一种非常典型的控制周围环境的做法——你的象征性动作，练习几次，你的团队就会知道你当中的含义。一旦你习惯了做这个动作，你就能控制在你办公室里坐下的人，并能控制他在你的办公室待多长时间。让雇员认真地对待你是很有必要的，因为你要把你的权威铭刻在他们心里。把门关上象征着你是管理者——这是件好事，相信我，这也意味着你可以不受打扰地做些事情。但是不要太频繁地去做，因为没有什么事比总是不能找到老板更令人沮丧的了。

55　有效地利用时间

一旦你学会了把办公室的门关上，你会发现自己独处在一个空空的办公室里。但是，成为或者说准备成为杰出的、有能力的管理者，你并不能轻易地、悠然地达到。你要在工作埋头苦干，把工作有效地、高效地完成，然后为你个人的长期目标、个人战略计划以及在职教育做一些事（不要跷着二郎腿，不然就看一些书）。

即使没有人拿着鞭子在后面鞭策你，也会自动自发辛勤工作，这就有一点像在为你自己工作。你必须是主动积极的、富有奉献精神的、专注的，这需要练习和训练。我们都喜欢游手好闲，时不时这样也不错，我们都需要思考的时间、自己静修的时间，这很重要，但是不要做得过多。

不要跷着二郎腿，不然就看一些书。

不要让整整的一天悄悄地来悄悄地走。为自己设定一些最后期限，制定简洁的列表，这样你就可以在你完成的时候划掉一些，并且很有成就感。让大量的新鲜空气吹入屋里，否则你会睡得太多；不要在午饭时间喝酒，否则一下午就会被你睡过去；早早地去睡觉，否则你会在办公室里补觉。

当心浪费时间的人，多练习告诉他们你有重要而紧急的事要做，能不能稍晚些再来。

此外，当心电子邮件——它们有一种吞噬时间的方法。电子邮件让你花太多时间再整理邮箱——"哦，我的收件箱终于全部恢复完了，我所有的工作全做完了"，但事实上，工作不是回复电子邮件或者写电子邮件，工作应该是卷起衣袖完成实际的事情：打电话、跟进工作、创造销量、审查产品、填写报告，现在就着手做吧。要富有成效，要颇有收益，其他的一切事情都是可以回避的。

56　未雨绸缪

你必须未雨绸缪，你必须在你做的所有事里加入"如果……怎么办?"如果你不这样做，你会当众出丑。永远不要设想事情是一帆风顺的——事实并非如此；永远不要设想你能一帆风顺——这也非事实；永远不要设想你有足够的时间——你没有；永远不要设想他们会准时出现——他们不会；永远不要设想你不会忘记东西——你会的；永远不要设想 A 计划会顺利运作——这不一定；永远不要设想 B 计划也能顺利进行——这也不一定。

永远不要设想你有足够的时间——你没有。

我想，到现在你可以明白那样的情形了。当事情出问题的时候

——事情总是会出错，准备好随机应变，适应并且克服它们。假设你准备要进行演讲，你已经用幻灯片把所有的东西都绘制出来了，但是如果断电了你该怎么办？如果电脑死机无法修复你该怎么办？你必须事先想出当断电，或者电脑死机，或者幻灯片没有按顺序演示时的处理方法——因为这些是会发生的。也许不是今天，但是明天可就在你放松警觉、松懈防备、没有准备的时候找上你。

真正优秀的管理者不需要方案 B 和方案 C，因为他们会即席思考，因地制宜，随时准备临时处理那些紧急情况。我认为，经常问"当它不起作用的时候我该怎么处理？"是非常明智的，这个方法让我工作畅行无阻。

57　利用良机——成为幸运的人

　　如果你够警觉和机智，就会发现良机、机遇和一些所谓的运气。如果你敏捷而又聪明、有魅力，那么你就可以抓住这些机会的尾巴，然后骑到他们背上，驾驭它们，这就是幸运。当你有能力抓住的时候，要抓紧，因为它是稍纵即逝的东西。你不能把运气添加到一个计划或者预算或者报告里去，但是它会在你身边出现。事实上，你越珍惜它、哺育它、寻觅它，它就越会出现。我们必须相信运气，否则，我们要把我们不喜欢的人的成功归因到哪里呢？

　　如果你不能做好你的工作，幸运就不会发生。

　　现在不要把你的事业建立在运气上，幸运在这种情形下并不会发挥效用。我是说我们会时不时地获得一点运气，当它降临的时候，你必须紧紧握住它、跟随它——然后对此保持缄默。你不需要时常说真话——虚伪的谦虚只会惹人家讨厌。如果你真是依靠运气，你就坦白地说："这是运气使然。"但是也要说得让听的人知道，我们投入了几个月的周密计划、几年的研究、近 20 年的经验——坦白地讲，因为这些都是事实。

其实并没有运气这回事，但是在所有工作、经验、研究和计划的基础上是有随机的机遇的。如果你不能做好你的工作，幸运就不会发生；如果你不是一个优秀的管理者，你就不能足够迅速地抓住那些机会并利用它们。

就像美国总统 Thomas Jefferson 说的："我相信运气，我发现我越努力工作我就越幸运。"

58　了解自己何时会有压力

优秀的管理者在面对压力的时候总是能够想办法摆脱它们。为什么呢？因为压力是对工作起反作用的，并不能带来收益，一个优秀的管理者就必须克服它。过去，精神紧张的经理经常吃药，血压偏高，但是仍然能够在交易上获得极大的成功，当时情形就是那样的，但已经过时了。现代的经理奉行放松、从容不迫、充满魅力、考虑周到、小心仔细地统领着员工的工作。你不需要有压力，你真的不需要。你只需要刺激、挑战、热情、兴奋和激励，而不需要压力。

你只需要刺激、挑战、热情、兴奋和激励，而不需要压力。

兴奋和乐趣误入歧途就会产生压力。你开始惧怕你的工作，而不是热爱它；你开始感到恐惧，而不是兴奋；你开始对抗，而不是挑战。

你怎么表现压力呢？你怎么应对压力的呢？这是一个私人问题。当我承受一堆压力的时候，我会意识到这个事实，因为我多了喊叫，少了思考；多了要求，少了礼貌；多了匆促，少了放松。但是，我就是那样。对于你来说，有可能大量地抽烟、喝酒，或者失眠，或者吃不下饭（或者因为吃得太饱，或者因为太着急，或者因为太多垃圾食品）。或者表现为：神经疲惫（睡得太少）、慌张地横冲直撞、身体抽搐、面肌痉挛、荒唐无稽的恐惧、不相宜的行为举止、开飞车（我也有过这样的表现）。如果你不知道你精神紧张的征兆是什么，问问了解你的人——他们能够告诉你。

当我注意到我有一些压力症状的时候，我会花一些时间来检查：

- 我为什么会精神紧张？
- 引起我精神紧张的是什么？
- 对于压力，我能做些什么？
- 我怎么做才能防止相同的压力再度发生？

　　我不喜欢保持精神紧张，而且也没有一份工作值得我为它损害我的健康。我知道怎样使自己冷静下来——我非常善于在我意识到紧张情绪已经蔓延开来的时候降低自己的紧张程度。我知道什么可以让我有效降低压力，那么你知道要如何解压吗？

　　找借口拖延照顾自己的健康很简单，但我建议你现在就开始注重健康：

　　• 良好的饮食习惯——在一个闲适的环境里坐下来，花点时间去享受你的美食；

　　• 健康的食材——新鲜食品、未施化肥和农药的食物、瘦肉、新鲜水果、沙拉、蔬菜、粗粮、非垃圾食品与加工食品；

　　• 充足的睡眠；

　　• 停止焦虑——笑一笑，开心点，享受一些与工作无关的东西；

　　• 定期进行基本的健康体检，以便及时了解主要的健康状况，比如睾丸肿块或乳房肿块；

　　• 在一个舒适和安全的环境里工作；

- 定时地检测你的胆固醇含量、血压等；

- 建立充满互助关怀和爱意的人际关系；

- 拥有在危难关头支撑你的信仰；

- 适当的运动；

- 注意你的体重；

- 适量地饮酒；

- 不要吸烟。①

当然，你不必要执行上面的所有建议。你是一个成年人，你能够自己作决定。但是如果你想要长寿或者健康，以上的事项都值得加以参考。

如果你想要长寿或者健康，以上的事项都值得加以参考。

---

① 在所有的建议当中，显然这是最重要的，它会比其他所有建议加起来还更有利于你全部的生活期望和健康。

60　准备好面对痛苦和快乐

为谋生计而工作永远是苦乐参半。你爬得越高，这句话就越正确。初出茅庐时，作为一个地位卑微的会计员，我习惯于无趣、懒散、烦恼、沮丧，并且讨厌工作。到我被提升为总经理的时候，我非常奇怪地发现我还是无趣、懒散、烦恼、沮丧，并且讨厌工作。

我想原因是我的期望和当年没有任何不同，即使我已经到达高层的时候，我的心理感受根本没有调试好。我猜我那时期盼着每天都是戏剧化的、激动人心的、绝对挑战的、要求高的、结果未卜的，但是事实并不是这样，我很失望。

你必须调整你的期望，以便在工作单调无趣的时候也不会感到沮丧。

当然，我现在明白了不是每天的生活都会是非常精彩的：某些日子是枯燥乏味的，某些日子是充满激情和富有戏剧性的——这就不会那么枯燥无聊。你必须对痛苦和快乐都有所准备；你必须调整你的期望，以便在工作单调无趣的时候才不会感到沮丧。当工作令人激动到难以用语言表达的时候，也不要太过喜形于色。

但问题是，如果工作枯燥无聊，你可能很想通过活跃气氛来过得开心一点，因为，我曾经很多时候这样想过。你最好静观其变，让那种感觉自己消逝。因为作为一个管理者，不允许你引起混乱——当然，除非是为了创新。

61　面对未来

不论你现在在做什么，事情都会发生变化。未来不久就会降临到我们身上，这是不可避免的，事情会变化，也必须改变。现在和你一起工作的人会离开，你的销售业绩会提高或下降，你的老板会退休或是继续升职，你的顾客群会改变，你的同事会不同，你也一样会改变。

所有这些事情都会发生改变，精明的管理者不仅会接受这些变化，而且会对它们做好准备。我们要早一点制订一个 B 方案和一个 C 方案：这不同于前面——不是为了满足预防危机的需要，而是让自己保持弹性，以便在工作中占据有利地位。这就意味着当变化发生的时候你能轻而易举地适应，而不是被变化驱逐出局。

我曾经在一家特别的公司工作，这家公司在一年的时间内就被接管了两次。每次被接管，都有新的员工进来，他们都会执行一系列的变革，他们想让工作按照他们的模式来开展。这很不错，但是在第一次接管之后，我们还没有喘过气来，第二次接管又降临了，我看到许多员工因为他们无法适应而选择中途退出了。我自己就差一点儿成了他们中的一员，那时真是个艰难时期，但是后来我明白了，抵抗变化是徒劳无功的，只有接受变化才能幸存——而我不仅要幸存，还要从当时的形势中谋取对我有利的东西。我笑得越多，越有一种积极进取的态度，变化本身就会赋予我很多的责任。其他管理者在暴风雨中扮演橡树，但我却是那棵柳树。我弯曲，我歪斜，我幸存；他们顽强抵抗，他们坚强矗立，他们失掉枝叶。

　　你也必须面对你的未来，你是要继续前进？还是已经变得厌倦你的工作、你的企业、你在里边扮演的角色？今天能够激起你兴趣的东西十年以后可能就会使你厌烦。

抵抗变化是徒劳无功的，只有接受变化才能幸存。

62　抬头挺胸

　　要沮丧的面对生活很容易，总是抬头挺胸保持开心比较难。你杯子里只有半杯水，还是还剩半杯水？如果好像是只有半杯水，那么你也许需要一次休假、一个再培训计划、一些新的挑战、一份新的工作、一个新的部门、一个新的团队——或者简单地需要一种新的生活方式。生活往往就在要害处灼伤我们——没有商量的余地，也几乎没有时间逃避。管理者的命运并不常常是快乐的和简单的。你会累，会沮丧，会感到无趣，你会倦怠，你会想要退出，我们会不时地出现这些情况。做一个管理者是一个费力不讨好的工作，许多事情从四面八方涌来，我从来都不敢断言是从上面来得好还是从下面来得好，但是我非常肯定的是当一个"夹心饼干"是最不好的。

抬头挺胸也是一句宣言（当你遇到困难的时候，要不断地提醒自己要自信，但是要低调，不要告诉别人，否则他们会打击你的），也可以是一种身体反应——你可以从肢体和情绪上（或精神上）练习抬头挺胸。

当你照镜子的时候，抬着头说"我真的很悲惨"，你会感觉很荒唐；反过来试一下，低着头说"我真的很开心"，你也会发现这根本不可能，也很愚蠢。你同样感觉很荒唐。但是你只有在镜子里才会看到这种情况，也许你平常就是如此。以上两种方式都很滑稽可笑，事实上，现实的你就是这么好笑。

"从肢体和情绪上（或精神上）练习抬头挺胸。"

当你走进屋子的时候，你要抬起头；当你主持会议的时候，你要抬起头；当你进行演示的时候，你要抬起头；当你迎接人们的时候，你要抬起头；当你和员工讲话的时候，你要抬起头；当你和顾

客讲话的时候，你要抬起头。在繁忙而漫长的一天结束的时候，你
要上床睡觉，你可以低下头——知道你今天一整天都很有影响力、
很光彩照人，表现出最好的自己，然后安心地去睡觉。

63　见森林又见树木

你必须看到整体的视野，仅仅专注于你所做的或你部门所做的事情是没有好处的，你甚至不能只把目光局限在你的组织，甚至你的行业所做的事上，你必须始终把事物放到一个更宽广的视野里。优秀的管理者——就是你①——需要了解国内外的政治变化、社会历史，国际大事、国家意向、国际关注问题、环境、现行法规、法案的推动和科技发展以及哪些科技发展对你们行业也许会有、也许没有影响。

但是，你也必须密切注意正在你眼皮底下发生的事情——你的团队、你的部门、你目前的环境，看到大的背景的同时也要看到微小的

---

① 我一直在说"就是你"，你也许会问我是怎么知道的，因为你在读这本书。糟糕的管理者他们会觉得他们是万事通——什么都知道，而你准备去读书、学习、借鉴别人的意见、拓宽你的视野、发表意见、与时俱进、跟上新的思想以及看这本书来保持思想开放。这样很好，你也很优秀，做得好！

细节的变化。

你怎么安排时间来考虑这些事情呢？去反映、分析和预测？聪明的管理者会把思考的时间贯穿到你的每天行程安排中。如果你要成为一个智慧的管理者，就要认识到给自己留一点时间思考的重要性。有的时候你会利用出差的机会，在旅途中进行思考，或者在每天的工作中留出一两个小时的时间，让自己不被打扰，安静地想些事情。如果有人问就把这段时间叫做"计划时间"——如果问的人也是一个成功的管理者，他们会明白你的用意的。

聪明的管理者必须保持信息传递渠道的畅通，并对信息保持理智的思考，保持思想开放以接受新的观念、改革和潮流，你必须既见森林又见树木。

你不能把目光只局限在自己的公司或产业。

64　知道何时放弃

有些时候，真的很难放手，很难知道什么时候该停。但是，某些方案不再有效了，某些团队成员不能再适应工作了，某些老板并不好共事了，某些请客必须得喊停。优秀的管理者本能地知道什么时候该屈服、什么时候该放弃、什么时候该撤退，并懂得如何才不会损及自己的尊严。

这条法则不仅是给你的，而且是给所有遇到问题的人、无所事事的人、怒气冲天的人、试图去做不可能完成任务的人。要知道什么时候该退出、什么时候该放手。

要知道什么时候该退出、什么时候该放手。

一个优秀的管理者知道什么时候该举起手："是的，是我弄糟的，是我的错，我自首。"你总是会被原谅的，因为这种诚实的、直接的方式让他们不知所措，他们不知道该怎么处理你。

如果你不知道什么时候该放手，你就会逐渐积累你的怒气、愤恨、忧虑、嫉妒和痛苦。要学着耸耸肩走开，你用不着原谅什么、忘掉什么，只要放手走开。

不要相信什么失去的一定会讨得回来这种说法，那是赌场上的迷思。到此为止，集中注意力到下一个你能做的事情上吧。

65　处事果决明快

　　我确信你非常讨厌这种类型的管理者——他们从来都拒绝作一个合适的决定以免作出错误决定。那些不断推诿的、优柔寡断的、战战兢兢的管理者们不到最后一刻都不做决定。甚至希望别人替他们做主，或者当员工要求他们作出决定的时候才会作出决定。在我曾经工作过的公司里，没有比那些"骑墙派"更令人恼火的了，因为他们不知道该跳向哪边——一切都是因为害怕。他们害怕作决定以免犯错，这个错误也许会让他们失去工作。没有什么大不了的，即使跳下来，犯了错，也比坐在那里害怕得不敢行动来得好。

即使跳下来，犯了错，也比坐在那里害怕得不敢行动来得好。

假设最后结果证明是个错误的决定，有时候因为大的错误，会出现一些神奇的魔力，带来一些料想不到的惊喜，尽管有时候我们不知道我们在做什么，但我们依循着轻松的脚步前进，事情却出奇的顺利。我就想让你成为这不可思议的管理者，在天生的管理者周围，任何事情都可能发生——也会发生。如果你想成为"骑墙派"，去找另外的书来读吧！

在这里我不是说你应该轻率地、不经思考地作决定。我认为，作为一个优秀的管理者对所有的决定，都会检视相关的资料、衡量得失，也可以向别人征求意见。这就是我讲的在整个决策过程中的那个阶段——一个你想逃避作决定以免犯错的阶段。

这与勇气有关，有时有勇气就能面对自己犯错、承担风险和害怕（因为害怕成为"骑墙派"与因为做了一个大决定而害怕和兴奋是有很大不同的）。

你所需要做的就是仔细地观察实际情况、衡量它们、征求意见、跟着直觉走，然后去实施——作决定。要勇敢、要大胆。

极简单原则意味着不要发表冗长的报告，意味着不用每隔 20 分钟就递交一次便函，意味着保持规则①的最少化以使员工致力于他们自己的工作，意味着任务陈述是有意义的、简单明了的、便于理解的，意味着在管理过程中管理者使用专业人员并放手让他们在平静和安宁中专心于自己的任务，意味着对自己非常自信的管理者不需要考核、威吓或是干涉。

极简化的管理其实就是"无为而治"——通过减少所做来增加所得。是的，你当然必须是老板，但是就像在驾驶一艘大船——微微地

①　不是那些规则，我的意思是那些不重要的规则——你必须系领带，你在咖啡时间只能吃一个油炸圈饼而不是两个，你必须称呼高级管理者某某先生或某某夫人而不是喊他们的名字，你必须整齐地停车，你必须穿高品位的鞋子，你必须……你知道我的意思。

触碰一下舵轮就足够了，如果你猛烈地把舵轮从一边向另一边转动，那你马上就会偏离航线。

中国有一句谚语："治大国若烹小鲜。"就是说，不要一直乱动他们，否则他们会碎的。要以几乎相同的方式去管理一个部门、团队或者公司——轻轻地、谨慎地、不引人注目地，含蓄要比高调来得好。

极简化的管理其实就是"无为而治"——通过减少所做来增加所得。

67 想象你的蓝色纪念牌

　　如果你写了一本畅销书，可能会在死后获颁一块蓝色纪念牌，挂在你出生或住过的地方，上面会写些你值得被颂扬的事迹——只要你住在伦敦。[①] 当我说"你"的时候，我不是指你，是指那些已经过世而值得纪念的人们。这块蓝色纪念牌挂在那里是为了纪念你在生前做过的好事，如果你没有做好事，你就不会得到一个蓝色纪念牌。例如，你在伦敦生活期间，完成了一本丰富人类文学宝库的畅销书，这样就会得到一个蓝色纪念牌。

　　[①] 非常肯定你是会死的，但是你用不着写任何东西。做一个音乐家已经足够好了——甚至吉米·亨德里克斯（Jimmy Hendrix）都能得到一个纪念牌。

你希望有什么事迹能够被后人传颂？

现在想象一下，有一种纪念牌是为纪念管理风格而建造的，也不限制在伦敦。你能因为你的管理风格获得什么？你实际上会获得一个蓝色纪念牌吗？从根本上讲，你希望有什么事迹能够被后人传颂？

我曾经为一个老板工作过，他的管理风格可以说是离奇古怪的。每天当他进来的时候，他会严厉批评他所看见的第一个人，不论那个人碰巧在做什么，这个老板都要翻天覆地胡扯一番。接着，他会走进自己的办公室，喝半个小时的咖啡；然后，他会在车间里穿行，恭维所看见的第一个人并告诉他们做得非常好，不论那个人在干什么。当我问起他这件事的时候，他说："我是让他们保持警觉，他们永远都不会知道我在哪里监督着他们，如果他们害怕，那我就获益匪浅了。"这样的家伙不会得到蓝色纪念牌。

这件事我以前讲过，即使经过 20 年之后，我仍然觉得这是最糟糕的、最不恰当的、最欺负人的管理方法。而且他现在还在职，仍然受雇于那家公司。是的，他很难再被提升，因为他还在做我认识他的时候做的事，但是，他还被雇用着，我不买那个公司的股票——从来没有，也永远不会。

我想要一块蓝色纪念牌，我希望因为是迄今为止最优秀的管理者而被授予纪念牌，我希望因为对我的团队有利、做出成绩、制定了标准而被授予纪念牌，我希望因为是一个杰出的成功者、一个别人都喜欢为他工作的人而获得纪念牌。

68　坚守原则

当你仔细想一想这个问题，你应该为自己制定原则。如果你没有，最后有可能会鄙视自己、负债，甚至被关进监狱。当然，即使你拥有自己的原则，还是有可能遭到这样的下场，但是你至少可以说："我有我的原则。"

你必须有一条不能跨越的线，你必须知道这条线应该画在哪里。别人都没必要知道这条线，直到他们要你跨越这条线的时候，你可以告诉他们。那条线必须是一堵十英里高的、固若金汤的钢铁之墙，不论怎么样，你都不能跨越它。

你必须有一条不能跨越的线，你必须知道这条线应该画在哪里。

　　我有一个朋友，他的老板曾经让他伪造一个法庭出具的正式警告信，给已经被解雇并不断申诉的员工看。你该怎么做？不管这些被解雇的员工是被冤枉的还是理当解雇，这对你的决定重要吗？我不想告诉你怎样做才是对的，我只是想说你认为怎么做才是对的，然后你就按照对的想法做吧。

　　那么你会在哪里画下你的线呢？有人曾经让我做我不喜欢做的事，有人曾经让我做令我觉得不开心的事，有人曾经让我做非常令我苦恼的事，但是不论什么时候，只要有人让我跨越我的个人原则——令人感激的是，这种情况在我漫长的职业生涯中只有一两次，我能够说"不"，并且坚守自己的原则，而且每一次都很幸运的没被辞退。

69　跟着感觉走

　　在你的内心深处你知道自己什么时候是正确的，什么时候是错误
的。当然，我们能够隔绝那些来自内心的声音，但是如果我们那样做
了，我们就会和内心失去联系，那时我们就真的有麻烦了。内心的直
觉可能不会在任何时候都清晰地呈现，但是当它发出信号，你却不加以
听从就有可能因而发狂。麻烦的是，你的负面情绪也会很清晰——始终
如此——但我们经常混淆了二者，然后遵循我们认为是直觉的那个，
而事实上这个直觉是害怕、嫉妒或是其他的情绪。

　　那么你应该怎么分辨呢？如果你在和某人谈论你准备实施的一个
新的系统，尽管他们看起来很积极，但是你内心有一种奇怪的感觉，
那就要特别留意。花时间去想为什么会这样。试着把你的计划告诉其
他人，看看这种感觉会不会再发生。再回到那个计划，仔细地从所有

的视角去观察它，要考虑到所有利害者的立场。你仍然确信你的计划
没有问题吗？如果你有一种不好的感觉，绝对不要自以为是或太过懒
惰而不去收集更多的反馈，不去寻找别人的支持，或者不去重新考虑
整体计划或者决定。

绝对不能自以为是，或懒得听取别人的见解和想法。

仔细回想你以前做出的好的和坏的决定，当时你对它们有什么感
觉？在你遵循它们之前，在内心深处感到那一系列行为是有缺陷的
吗？你后来还有那种感觉吗？

要引导你发现你的直觉不是一件容易的事情，但是如果你形成一
种"聆听"自己感觉的习惯，那么你的内心"雷达"会改进，你也会
开始知道什么时候内心深处的直觉在告诉你有些东西是不对的。

优秀的管理者保存着满满一箱子的创新技术，这样常常在他们自己或他们团队遇到问题的时候，可以求助于这些技术。

富有创新精神就是要去寻找新的、不同的解决问题的方法，当你遇到问题开始担心的时候，你就停下来去整理你的花园、去洗衣服、去放风筝或者去做其他任何事，当你热衷于你所做的事情的时候，解决问题的方法就浮出水面了。

大部分创新技术都在精神放松的时候冒出来，因为这时候比较可以使用你头脑更深处的直觉，那里有我们通常都无法获取的全部答案，我们能够在睡觉、冥思时或者是通过使用创新技术获取答案。

当你热衷于你所做的事情的时候，解决问题的方法就浮出水面了。

观察其他管理者所做的事——那些你欣赏的和尊敬的管理者，他们可能会保存着一储物柜的创新技巧，拿来一些，仔细研究那些创新性思维技术。看看那些聪明的管理者在做什么、在想什么、在试验什么，请教不同领域内的人，问他们会怎么做，不要害怕自己看起来很古怪和荒唐可笑——毕竟所有最佳的创新点子都来自白日梦。

71　不要停滞不前

你是一个领导者还是一个管理者？当我们花了一整本书的篇幅来确保你成为一个有效的、高效的、非常出色的管理者的时候，这确实不是个合适的问题。但是真正出色的管理者也是一个领导者——他们鼓舞、激发、鼓励员工，帮助员工释放工作热情，他们吸引人们像飞蛾扑火一样靠到他们身边，他们有领导气质、精力充沛、时髦。他们事实上就是领导者，但是他们也是优秀的管理者。

太多的管理会让你停滞不前，你必须喜欢变化、喜欢寻找新的挑战、喜欢保持警觉、喜欢寻找做事的新方式、喜欢以新的令人激动的方式激励你的团队、喜欢引进新的技术和观念、喜欢引导潮流、喜欢作决定、喜欢点燃热情之火。你不能让别人看见你站着不动，否则你身上会长满苔藓，你就会变成一根不动的柱子，别人就不会再注意你。

真正出色的管理者也是一个领导者——他们鼓舞、激发、鼓励员工，帮助员工释放工作热情。

我知道，有时候把每天的工作重担、明天的会议、下星期要向领导做的报告视而不见会很困难，但是你必须前进，否则你就会停滞不前。每天或者每周腾出一点点的时间——也许只要半个小时，想出具有革命性的新方法。为什么？因为如果你不这样做，你就会陷入日常的事务和单调平凡的例行之事。是的，你是一个管理者，但是你也是一个改革者、激发者、鼓舞者、领导者、领导潮流的人。

如果你身上已经长满苔藓，人们已经开始把你看做家具的一部分，那么你必须努力工作以摆脱那种形象。不要一下子就从根本上改变，以免吓着员工——一点一点慢慢地改变。记住，事缓则圆。

72　随时行动

总有一天是你必须前进的时候。还有其他的工作要做，还有其他的团队需要领导。你也许必须收拾好行装启程，机不可失，失不再来，要时刻睁大眼睛，注意机会。记住你的长期计划，我确信你的计划里不包括像这样的东西，"待在这儿，直到我退休或者变为尘土"——要把目光放在远处的地平线上。

做一名优秀的管理者、一名杰出的管理者，常常意味着你会被发现、你会被猎头公司猎到、你会被挖走、你要准备禁不住诱惑而离开，并不意味着你必须走，但是许多公司对你敞开大门——这也证明了你是一个抢手货。

要时刻保持警觉；要准备走向那些小径；注意那些从天而降的机会。如果这是在你的长期计划里，那么就不要错失。

注意那些从天而降的机会。

你是否应该内疚于抛弃你的团队？不，你有自己的事业，你的事业需要向前进，你的团队能够从你走后吹进来的一阵带着新鲜空气的微风里受益——把那些蜘蛛网都吹走。我已经放下管理方面的工作了，那时候那些员工真的很吃惊我敢于离开、敢于展开我的翅膀飞向其他地方，就好像有一个黑暗的、危险的地方要把我吞没似的。当然，一旦我离开了，我就会因为离开而得到了一个"背弃者"的名声，但是总比"终于摆脱了，谢天谢地！"要强得多。

73 牢记行动目标

快乐、满足、充满活力，且背后有人支持的人通常可以成就美好人生或求得最佳职业生涯。他们抽干许多沼泽——并能乐在其中（将抽干沼泽视为有趣的工作，真是奇特）。然而，我们之中许多人会碰上一些鳄鱼，以及那些妨碍我们无法提高生产力和成就的障碍，但却可以降低我们的生活压力，这些障碍有些来自自己，有些来自别人，有些则本来就存在。

我的朋友，工作的目标是什么？我们都有不同的日常工作事项。你也许会说，"为股东创造利润"（第52条规则），或许你会想找出一个我想要的答案，但事实上，这不是我想要的答案。

记住，即使当你把屁股放到鳄鱼群里的时候，你工作的目标还是给沼泽排水。有许多的目标，许多类似沼泽排水的工作。你可以把它看做是下一个计划，然后制定下一次预算、通过下一次会谈——每周例会或者纪律会谈，也可能是长期计划或一般职业规划等。还有那些咬你屁股的鳄鱼可能是你的同事、顾客、委托人、老板、员工、家庭，他们都会妨碍你抽干沼泽的行动。

　　这是一条关于集中意志的规则，所以你不要被那些在你周围发生的不重要的事情转移了目标。不管如何，要把目光聚焦和停留在目标上。

不管如何，要把目光聚焦和停留在目标上。

74 没有人是不可取代的

我曾经和一个具有传奇色彩的人一起共事，令人遗憾的是，他现在已经不和我们在一起了，但是我依然记得他教给我的管理方面的东西。从表面上看来，他是我们中的一员，他遵守公司的游戏规则，谨慎、有魅力、高效地工作、努力地工作；但是在内心深处，这个人不为别人而只为自己工作。鲍勃是个个人主义者、一个打破规则的人（不是书中的这些规则——这其中的大部分都是从他身上得来的）、不遵从一般社会风俗的人、自行其是的人。他有着自己的规矩，是大家眼中的酷哥和管理高手。

当然他能够完成工作，而且做得非常好，但是他是一个管理的叛逆者。他和我曾被安排去学习一个管理者的培训课程。猜猜谁没有露面？对，鲍勃。他是不会为任何人玩乐高玩具模型的。

　　我去了，我玩了乐高玩具模型，我服从了公司的命令，猜猜谁被提升了？对，又对了，鲍勃。为什么会这样？我曾经一再抱怨，鲍勃会说："那可以选择离开。"他就是那个意思，真的，我们中真的没有人是必须在这里的，我们也不是必须要做这份工作，如果我们愿意我们随时都可以走。这就意味着我们是通过选择才到这里的，我们选择了待在这里，我们选择了每天待在这里，这是我们的选择。如果我们选择了待在这里，那么理所当然意味着我们很喜欢这份工作——否则我们不会在这啊？对吧？如果我们不喜欢这份工作，那么我们应该选择离开这里。

　　鲍勃主要告诉我的是："停止发牢骚吧——要么享受你的工作，要么离开。"这不意味着你不能指出错误的东西，但是如果这些问题不能解决，你最好学着接受它们。要么喜欢你的工作，要么就离职，让那些愿意做这份工作的人来做。我们中没有一个人是必须在这里的。

**　　停止发牢骚吧——要么享受你的工作，要么离开。**

75 准时下班

和我一起共事的另一位经理经常熬夜，上班来得很早，常常错过午饭，一直埋头苦干，在那里的每一秒钟他都在辛勤工作。猜猜谁被提升成为他的上司了？对，又是第74条法则里的鲍勃酷哥。

在我看来，鲍勃最喜欢的台词之一是："下班，利差，回家去吧，你才刚结婚生子，在孩子还没忘记你长什么样之前回家去看看他们吧，或者在他们真的忘了你之前寄给他们一张你的照片。"自然，我就回家了，鲍勃也一样，而且他常常准时下班。事实上，他工作的时间并不长，但是他又被提升了。

他的秘诀是什么？他的团队（我是其成员之一）会为他完成一切，我们都会为他尽心尽力，我们从来不愿意辜负他。鲍勃用一种我几乎从来没有见过的方式来唤起员工的忠心，他让我们感到自己是成年人、是可信任的，以一种谦恭的方式来对待我们，他从不喊叫、辱骂、欺骗、要求、工作过度或者使他的团队丢脸。我从没有见他教训谁，从来没有。他具有感召力、富有魅力，而且很酷，始终保持轻松愉快，他像"烹小鲜"一样管理我们。

他说他的秘诀就是他的家庭，他为他的家庭而工作。他非常喜欢他的孩子们，而且宁愿在家和他们待在一起而不去工作。他对家人的爱是可以看得出来的，他很骄傲地戴着拥有幸福家庭男人的徽章，关于他的孩子和妻子的事他会谈论很多，而且看起来和他们在一起显然很开心。

他从来不熬夜，因为这与声明第一优先顺序有所违背。家庭给了他深刻真挚的感情，他的生活多姿多彩，情绪正常稳定，他感到无忧无虑。他没有什么需要在工作上证明的，因为他的家庭已经提供给他足够的成就感。我曾经和一些讨厌的经理一起工作过，可以说他们拥有的唯一共同点就是糟糕的家庭生活，他们的营地腐朽而且显而易见。所以，我亲爱的朋友，准时下班吧。

他没有什么需要在工作上证明的，因为他的家庭已经
提供给他足够的成就感。

76　不断学习——尤其是向竞争者学习

　　我们都听说过一些主管非常气愤，因为竞争对手抢走了他们的合约，或者抱怨事情对他们来说有多不公平，或者当失去顾客，他们大声撇清责任不在他们身上。相信我，这种做法是错误的。如果你的竞争对手在窃取你们的理念、你们的顾客、你们的合约、你们的委托人、你们的销售量、你们的员工和你们的收入，那么你不能怪任何人，只能怪你自己，其次，你也得到了一次学习如何做得更好的绝佳机会。

　　没有什么比一个强劲的对手更能教会我们进步了：他们在做什么？我们能够从中学到什么？我们怎么样才能够赶上他们？我们怎么才能从他们所做的事情中汲取到精华并且真正地运用到实践中去？我们怎么样才能通过做超越他们的事来增加我们的市场占有率？

　　每个星期花点时间来查看竞争对手在做什么，因为如果他们的工作是有效的（竞争总是这样的），那么他们也会查出你们在做什么。花些时间了解，并且分享竞争。想想，如果你拥有 5 个主要竞争对手，并且和他们分享，你就让他们每人知道一部分你做的事情，但是想法会扩散，5 个竞争对手会让你知道他们的想法、他们的信息、他们的研究等。我们不应该害怕竞争，要接受它，它使市场成长起来，它让你保持警觉，它给你创造了一次真实的学习机会——就像在实际竞争中发生而不是训练演习一样的真实，并不是纸上谈兵。

　　如果你害怕竞争，那么事实上，你是在害怕自己没有能力。如果你确信你自己做的工作很好，那么竞争不会打倒你。如果你的工作没有做好，那么竞争就能轻易地击败你——而且这是你所知道的，就像你所知道你的工作没有做好一样。

　　如果你害怕竞争，那么事实上，你是在害怕自己没有能力。

77 热情大胆

如果你不热心于你的工作，那你热心于什么？想想，也许除了睡觉，你在办公室里工作、生活、呼吸所花的时间要比在其他所有事情上花的时间要多得多。你热心于性事，但是它不会像事业那样持久；你热心于食物，但是你每天只吃三顿饭——工作则是持续性的；你当然可以热心于你的生活、你的爱好、你的家庭、你的假日。但是有许多人把他们的工作看做是令人恐惧的东西、一项难以完成的艰巨任务，如果你也是这样，那么回家吧——待在家里，给那些热心于工作的人让位，但是我肯定你不是那样的。

当我投身第一份工作的时候（我换过好多次工作），在开始参加训练前我就对该行业进行调查研究，我研读该行业的历史、该领域的著名人物、相关的一些故事、它的发展历程、相关的一些法律法规以及既有的传统，我认真研究那份工作以至于变成了一部关于事实、信息、轶事以及历史的活百科全书。企业里其他人对该企业的了解之少让我惊讶不已，我充满热情，但是看起来其他人都不是这样的。我发现只有极少的一群人真的关心他们自己所做的工作，这么多年过去了，我也遇到过许多关心工作的人，但还是很少人对工作怀有真正的热情。

一旦你充满热情，你就会变得勇敢，因为你有那种动力、那种积极性、那种勇气和兴奋的心情。

一旦你充满热情，你就会变得勇敢，因为你有那种动力、那种积极性、那种勇气和兴奋的心情。勇敢意味着你能够冒险，冒险意味着会带来利益——并非总是这样，但其出现的次数足够让你赢得有潜力的新秀、积极和成功的名声。

充满热情意味着你关心你所做的事，不只是做出姿态，而是真正

的关心。动机——让你保持持续地兴奋和充满热情。并让你和别人有
所区别——它不只是关于金钱、地位或额外的福利津贴,而是对人类
的生活、环境以及社会有真正贡献。如果你不是充满热情的,那你是
怎样的?如果你是充满热情的,那你热心于什么?现在不表现出来,
又待何时?

78　做最坏的打算，抱最好的希望

　　我不期望你时刻都背着一个睡袋，但我的确期望你做最坏的打算，抱最好的希望。你设想的最坏的情况是什么？所有的职员都因为世界杯决赛而打电话来请病假？你失掉了那个大订单？销售量暴跌到零？办公楼被烧为平地？全国大罢工？流行性感冒肆虐？恐怖分子袭击？石油危机？健康和安全弃你而去？上面所述的所有或任何一件事都会使你的计划陷入混乱。

　　你会准备什么样的应急计划以防所设想的最坏的情况真的发生？对，就这样想。你必须拥有应急计划、制订恐慌路线、设置危机管理程序、替代方案、挑选替补员工和替代资源。你必须事先做好规划就是了。

　　也许你永远也不需要实施这些计划，如果够幸运或是神助的话，替代计划将永远只是一个计划——而不会成为现实，但是计划还是要制订的。

现在，允许你抱有希望，希望灾难永远不要发生，希望太阳永远灿烂。曾经有一个特别的委员会问我，如果我工作的公司发生了严重的炸弹恐慌事件，我会怎么做。我的回答是"希望它是一场恶作剧"，把他们逗笑了，但是这没有让我获得一点认可或赞赏。"做一个计划怎么样？"他们问我，"我也有一个较佳的应变方案。"我说明了相关的应变计划，这样稍稍挽回了我在他们心中的地位。无论如何，记得要有计划——并心怀希望。

记得要有计划——并心怀希望。

79 让公司知道你与公司站在同一阵线

为了让公司看到你是站在它那边的,你需要做一些具体的事,比如:

- 购买一些股份
- 阅读公司的内部刊物——最好能加入编辑行列
- 参与和支持公司的活动
- 表现出你对公司的关心
- 问些问题
- 让别人注意到你对公司的关心,并以某种方式记录下来
- 把注意力集中到你能为公司贡献些什么,而不是你能从公司得到什么
- 使用公司的产品或服务

- 积极地赞扬公司
- 练习讲一些你认为公司令人满意的地方——要有预先准备好的答案，以防别人提问
- 知道公司的使命宣言和经营哲学
- 知道公司内销和外销的产品或服务
- 知道公司的历史——它的形成、它的合并企业和已收购企业等、它的长期目标、公司的关键人物（创始人等）
- 彻底了解公司的社会名望和公司为社区所做的事

永远不要恶意中伤公司，在任何环境下都不要。

"但是，但是，但是，"我听见你在说，"这不会暗示我是粗俗之人、谄媚者、应声虫、马屁精、公司的代言人吗?"不，如果你用正确的方式去做就不会。如果你说的都是陈词滥调而且看起来没有诚意，人们就会认为你在装模作样，认为你是公司的爪牙。但是如果你以坚定的立场表达你的想法，那么人们就会以你为榜样并且跟着你做。你可以以身作则，在赞扬公司的时候要坦率直言，虽然这种方式有点过气，但会为你建立形象，但是你一定要真诚并且自信。

"但是，如果我对公司感觉没有那么好该怎么办?"那么就离开

吧。这是一个双向的过程，它雇用了你，你为它工作，你付出，它付出，你收获，它收获。如果你对这种关系不满意，那么就离开，和公司"离婚"，寻找另外一个"情人"。你必须喜欢你的公司，把它看做是一段关系。如果你处于糟糕的关系中，那么你准备怎样对待它呢？置之不理和默不作声吗？我希望不是。

你可以以身作则，在赞扬公司的时候要坦率直言。

80　不要说上司的坏话

或许你的老板喜怒无常，你不能忍受在这样一个刁钻者手下工作，所以你要到处说你的老板是多么的愚蠢。是吗？不，你不要在任何情况下恶意中伤你的老板。那么，如果你整个团队都知道你的老板是无能的，然后清楚地告诉你，你会随声附和？不，你不能附和，永远也不要。如果你无法找到好话来说，那么就选择闭嘴。你不要诋毁他们，即使这是他们应得的，或者你觉得这是他们应得的。

你的老板就是你的老板。如果他们令人讨厌，就不要为他们工作了，去看看其他地方。如果你准备为他们工作，那么这就是你的选择，你就必须坚持下去，接受他，支持他，信任他——否则你会疯掉的。

如果你无法找到好话来说，那么就选择闭嘴。

如果你的老板是你的噩梦，你能做的就是想办法改变，让他们相信你，然后成为他们的心腹，再从他们手上获得更多的职责和权力，然后替代他们，很简单，不是吗？显然不是，但是如果你是认真的、忠诚的，那这些步骤都是你必须要做的。

要当心你谈论你老板的话，以免被他们自己的老板知道，也许他正好喜欢你的老板，不喜欢你讲他们的坏话。毕竟是他们把你的老板安排在那样的位置，对于你来说，公开地质疑这样的决定会让你自己陷入一个危险的环境中。

我曾经为一个极其差劲的上司工作过，他酗酒，非常差劲地经营着公司，甚至大部分时间都不知道是 New York 还是 New Year。有人向总公司抱怨他的行为，然后总公司就派一个代表下来进行调查，他们向 12 位基层经理，包括我自己，询问了关于我老板的行为。我拒绝合作，什么都没有说。一年以后，我的老板还在他的位子上，我也还在我的位子上，但是其他 11 位经理已不在那个公司工作。寓意：

如果你不能说出什么好话，那就闭嘴。他是怎么挺过来的？令人困惑，很显然他在关键的地方有权势、有靠山。我是怎么挺过来的？不知道，他信任我，我一直保持埋头苦干，他的行为没有过度地影响我，我还能够应付得来的。

81　不要说团队的坏话

你不能诋毁你的公司，你不能中伤你的老板。"当然"，我听到你问，"那我可以批评我的团队吗?"不只是在公共场合你不能，在关紧门之后，只有你没有别人，那时，也只有那时你可以发出一点无声的喊叫，而这必须是在事情真的产生了严重的不利后果的时候，除此之外都不可以。

一个劳动者责备他的工具是很可悲的。你的团队是你完成管理工作的工具，如果你的团队是无能的，那么是你没有磨快你的工具，没有给它上油，没有给它除锈，没有修理它的把手，没有换掉它报废的部件，没有对破损进行检修等。

你的团队会犯错误，这是无可避免的；事情会出问题，这也是无可避免的。你与人们打交道：他们会时不时地把事情弄糟，会变得容易激动，会让你失望，没能够进行良好的团队合作，通常会游手好闲、表现平平。如果你不能够预料到这些，不能够为这些做特定的应对计划，不能把这些纳入你的计划中，那么你就是一个傻瓜。事情若出了问题，诋毁你的团队也是没有用的，要从中汲取教训继续前进。

事情若出了问题，诋毁你的团队是没有用的，要从中吸取教训继续前进。

你必须公开地赞扬那些推动组织战略目标实现的人——那就是你的团队。如果你诋毁你的团队，那么你就会把注意力集中到消极的方面，这些会造成恶性循环，坏的情况越来越坏；如果你赞扬他们，这将是一个令人振奋的过程。

如果你诋毁你的团队，那你实际是在诋毁你自己，并且公开地承认你是一个无能的管理者。不要那样做——因为你是一个卓越的主管。

82　接受老板让你做的事情可能是错的

你出色地完成工作并不意味着其他人也可以像你一样。所以有时不得不承认一些老板是无能的，他们有时会叫你去做一些看似疯狂的事，有时会发布一些显然荒唐可笑到让人窒息的命令，有时会让你去做一些完全错误的事情。你准备怎么做？你有各种选择：

- 拒绝
- 离开
- 向社团、管理咨询协会或行业协会征求意见
- 向人力资源部门征求意见
- 向其他经理征求意见
- 向你老板的老板征求意见
- 书面表达你的忧虑

- 按照老板说的做，但是不停地发牢骚
- 按照老板说的做，而且是带着开心的笑容，还用口哨吹着小曲
- 和你的老板谈谈你的忧虑

首先，亲自和你的老板面对面地谈一谈是比较明智的，或者通过非正式地在一起喝咖啡，或者通过闲谈，指出你对他们的命令在实施中有一些困惑。不要变成个人攻击，不要抨击他们，不要说他们是废物，只要向他们说明你心中的疑问，安排本身和你的老板都没有问题，只是你觉得有些地方不太对劲，坚决地把球推给他。如果他们坚持不变，那最后就说你依然感觉到不太妥当，需要些时间来进一步征求意见；并问他们，如果你把你的疑虑记录下来，他们是否也可以这么做，这样日后的责任就不在你身上了。

有时你必须接受你老板根本就不知道自己在做些什么的事实，这个事实也不会改变，你必须容忍这一点，或者你可以轻易地拒绝或者离开，你做主。这条法则就是提醒你，必须接受这种情况会经常发生。

有时你必须接受你老板根本就不知道自己在做些什么的事实。

83 接受老板有时会和你一样害怕

老板们也会害怕，也会胡乱猜疑、不知所措，也会感到没人爱，也会感到困惑、茫然，也会变得脆弱和孤独。

你的任务就是帮助他们消除痛苦和恐惧，让他们感到轻松愉快。

你是一个管理者，你不仅必须向下管理，还得向上管理。当你和你的老板打交道的时候，你永远也不能：

- 威胁他们
- 给他们压力
- 想取而代之
- 对他们不尊敬
- 质问他们（除了在第 82 条法则的情况下）
- 暗中搞破坏

- 嘲笑他们

相反的，你必须要拥护、支持、鼓励、安慰、慰藉你的老板，使他振奋，帮他释放压力。你对于他来说要绝对可靠，能承受来自他的压力，要守得住要塞，而且最后可能会取代他们——这就放在你的心上，不要告诉任何人。

一些老板为恐慌所累，他们没有能力做出决定，那么你就必须为他们做出决定，而且向他们保证一切都没问题——保姆就在这，他们可以离开去休息了。

你的任务就是帮你的老板消除痛苦和恐惧，让他们感到轻松愉快。

84 避免思维定式

当你埋头苦干的时候，事情会直接跳过你，这样大家很容易就忘记你是个富有改革精神、创新精神、果断的管理者。我们就是这样，当我们埋首工作时，忽略了我们可以创造、激励、领导、驱动和带领的事实。团队成员带着新的观点来找你时，官僚作风、制度体制、形势处境和往返上班，与他们周旋弄得你精疲力竭，以致你只能说"不行"，不论他们建议什么，会习惯性地说"不行"，并附带着潜台词"别理我，我现在太忙，精神紧张，情绪易怒，没有办法考虑这个"。你是这样吗？我确信有时候会，我们都是这样。

所以，我们需要把这个桎梏给扔掉，我们需要抬起头，我们需要考虑一下我们的选择，然后想"为什么不呢？""如果我们当时做了会怎么样？"我们需要摆托压力和工作带给我们的束缚。

当你埋头苦干的时候，事情会直接跳过你，这样大家很容易就忘记你是个富有改革精神、创新精神、果断的管理者。

摆脱束缚的一个简单方法就是，你如何检视自己的工作、部门和团队。如果你是一个刚进入组织的工作人员，你会怎样做？你会改变些什么？你会保留些什么？站在你顾客的立场去思考你所做的事——哪些有意义？哪些没有？

我们总是身陷在太多的杂事之中，以致我们每天都不能够退后一步并放开心胸，以新的视角去看待事情。但是，如果我们想成为那种游遍全球才能找到的最好的管理者，我们就必须把脚步贴着地球转动，并保持开放，不能像恐龙般迟钝。开放代表着愿意接受新的观点、新的建议、新的概念、新的方向。

85 表现出你是他们的一分子

在你真正成为他们其中的一员之前，你应该练习如何成为他们其中的一员。如果你是一位基层经理，你就应该学习中层经理走路、说话的方式，准备成为其中一员；如果你是一个中层经理，你的行为和谈吐就应该像一个高层经理了。就这样，一直向上到最高层。

如果你是一个中层经理，你的行为和谈吐就应该像一个高层经理了。

当我第一次成为一个公司的常务董事的时候，我几乎忘了这条法则了。我还继续实行着就好像我还是一位高层经理一样的管理，但是销售量并没有达到我想要的目标。我试着召集联合销售会议，却找不到相关人员的支援。我在一些书籍上知道"国王只跟国王谈话"，因此，我决定成为一位国王（把"常务董事"替换成"国王"，你就知道我的意思了），那扇以前关着的门马上就打开了，销售量超出了我的预期。

如果你准备在未来成为一位国王，那你最好现在就开始练习。观察比你级别高的人是怎么样做事情的，他们接电话、和员工谈话的方式，他们穿什么、读什么报纸、如何到办公室，他们工作时都做些什么、怎么做。

我最近遇到一个非常大的公司的常务董事，我真心地被他对待员工的那种友善和不拘礼节所打动——他的员工显然很崇拜他——他看起来是那么诚挚、轻松愉快；到我们开始谈判时，很显然他熟知自己的工作，对事实和数据都可以在一秒之内说出来。我观察他是因为他就是我的下一步，如果你愿意这么想，他就是我"成为他们其中一员"的目标。

不论你已经位居多高，永远也不要踩着别人的头向上攀爬。

　　我们为什么不多问些问题呢？是担心人们会认为我们知道的不够多吗？聪明的管理者随时都会问问题的，而且从中受益颇多。经常问问题不是为了特定目的的，而是一种好的习惯。刚开始时，你会通过问他们问题而更多地了解你的团队："你为什么觉得我们这样做是错误的？""我们的商品计价过程为什么会这么慢？""你打算怎么跟这个顾客交涉？"通过问问题，你能够得出更好的处理问题的办法。所以，要鼓励团队成员多发表意见或提出新主意。

　　尤其当紧要关头时，可以通过问问题来找出最好的解决办法。如果你不相信，就看看电视上一些政府首领在被记着围追堵截的时候的表现吧，这已经成了家喻户晓的秘密了。当你的老板问你的问题比较棘手时，你可以这样回应他："您为什么会这么想？"或者"顾客跟您是这样说的吗?"至少这样可以为你思考赢得一些时间,如果能够通过老板的回答获得更多的信息那就更好了。

通过问问题还可以让对方知道自己是荒唐的,而不是直接告诉他他很荒唐。当你的老板看起来很愚蠢的时候尤其有帮助。不用直接说:"那肯定是行不通的。"这类语言过激的话。而是问你的老板:"您希望从中得到什么?"或者"您觉得设计团队该怎么做?""我们该如何提高业绩?"或者"那样做会对销售起到什么作用?"

只要你问问题的时候语气友好,人们是不会产生敌意的。人们往往会通过问题把注意力集中到计划中的不足之处,从而让他们自己来反思。

当然要不断地征求新的建议,人们通常也会做出回应的。一个经理为了确保万无一失,从项目开始到最后都在不停地问问题,虽然看起来很烦,但是从现在开始你就是要做这样的经理。很少有经理会对事情听而不闻,坐视不管,直到有问题出现了才想解决问题的办法。而如果你事先就把问题都想到了,就不会这么被动,在问题出现前,你已经防患于未然了。

只要你问问题的时候语气友好，人们是不会产生敌
意的。

87 表现出你了解下属和上司的观点

作为一个下属——就像我们所知道的，因为我们都做过，是一件困难的事。你必须接受许多人的许多命令，这些命令经常是反复无常的，这让人感到沮丧。

但是，作为一个管理者也并没有好到哪里去。你被夹在中间，你要处理来自员工源源不断的报告，再加上来自上司听起来多么疯狂的命令。你不再是一个下属，也不是一个绝对的上司，你成了三明治中间的夹层，你要准备接受来自两边的压力，来自上面和下面的。

摆脱这种压力最好的方法之一就是让他们所有人都知道你了解他们的观点。不要只是笑着说"好，我知道你的意思"，而当时又非常清楚明白地显示出你并不了解。你必须确定他们知道你了解他们的需求和希望、不满和要求、恐惧和期盼，对上和对下都要这样。

　　当有压力施加过来的时候，有时你得准备和上司站在一边，当然是当你认为他们是正确的时候。你的下属——不是站在团队的角度——显然会对此表示不满，显然是因为他们不会欢迎任何的改变（特别是他们不能理解的改变）。这时让他们告诉你他们的感觉，你告诉他们你理解他们的感觉，解释你的上司当初会决定这么做的原因。

　　如果你真的优秀，那么有一天你会学着向上司解释下属如何看待事情，这样上下就能互相理解。反之亦然，如果你能够让下属明白为什么你的上司相信不是对他们最有利的事情也是有意义的，那么你就向管理天才之路迈出了一大步。

**　　摆脱这种压力最好的方法之一就是让他们所有人都知道你了解他们的观点。**

几年前，我记得在一部叫做 Question Time 的影片中有这么一个片段，Robin Day 问参加辩论的小组成员之一一个问题，这个成员回答："我之前已经说过了……"这时，Robin Day 立刻打断了他的话，说："那就没有必要再说了。"然后转身问另一个小组成员同样的问题，而第一个小组成员吃了一惊，愣在那里。

Robin Day 的滑稽举止让我也为之一振，更重要的是他的果断让我印象深刻，既然你说的不会再带来什么价值的话那就不要再浪费时间了。但是很多时候人们就是在浪费时间，他们总是重复他们以前说过的，他们强调他们之前做的贡献，说一些毫无意义的事情。人们为什么要这样呢？即使他们知道自己说的是没有任何用处的，为什么还是要说呢？

　　记住，如果你想被员工尊重，那么你就要认真听人们都说了什么，他们给了你什么信息，根据你的判断来给出你的意见。更为重要的是，你的意见一定是独到的、有开创性的、有建设意义的，否则你倒不如不说，人们不会对你的话留有印象，更不会敬佩你。

　　在开会的过程中，你要仔细聆听其他人的发言，然后在心里根据他们发言的有用性暗自给他们打分。你会发现，得分越高的经理也是将来最有发展前途的人。

　　而那些装模作样，没话找话说的那些人的讲话不但没有任何帮助，更是在浪费大家的时间。如果你觉得会议中人们已经不会提出更好的想法了，那么不要捺着性子强忍着，果断地砍掉冗长的会议时间，该结束就结束。这不是什么没有礼貌的行为，不管人们是否理解你的行为，你必须设立这个行为标准。可能很多人不知道你的用意，不过我相信你的经理会充分的认为你是一个可以信赖的人，因为你增加了公司的价值。

　　但是如果你真的没有什么更好的可说的啦，或者你已经把你的想法都表达了，这时，你就赶紧收尾吧，简短的总结，然后礼貌地说："我的话就这么多了。"

不管人们是否理解你的行为，你必须设立这个行为
标准。

89　不要屈服——坚守自己的立场

你知道并肯定你自己是正确的时候，这时候你必须站稳脚步，准备好提议，否则就闭嘴；你必须准备为你所信仰的东西而战。如果你热心于你所做的事，那么维护你认为是正确的东西并不难。

你不必咄咄逼人，只要坚决点。如果你被威吓到，那么就大声清楚地讲出来——那些劝阻你的人可能马上就会屈服。

如果你热心于你所做的事，那么维护你认为是正确的东西并不难。

你没有必要表现粗鲁，只要自信点。如果有人在传播关于你、你的团队或者你的工作成果的谣言，那么就要和他们谈话，清楚地声明你的立场，"我听说你在传播这样的谣言，这不是真的，如果你停止散播，我会很感激的"。

你没有必要生气，只要确信自己没有错，并做好充分的准备。如果有人经常对你的建议吹毛求疵，比如，"哦，那不会起作用的，我们以前那样试过，但是失败了"，那么你就坚持你的立场，不要屈服，说，"是的，这里就有解释为什么以前没有成功的数据，还有我会解释为什么这次会起作用，和以前有什么不同的报告"。

你没有必要激动，要有坚持的激情。如果你效力的老板没有给予你恰当的反馈，那么要保持孜孜不倦。问："我下次要怎么做才能改进我的工作绩效？要想达成我上次提出的、被您拒绝的加薪，需要进行哪些步骤？在一年的时间里，你希望我进展到什么程度？我们怎么样做才能够提高销售额？"要坚持让他们做出反应，直到他们给你一个满意的答案为止。

你没有必要跟他们争论，只要直接拒绝他们。如果你的老板建议你去做违法的事情，不要直截了当地拒绝他们，这样会导致一场争论，而应该说，"啊，那如果媒体或者审计人员知道了这件事，我们

该怎么处理?"你不是在拒绝,而是在坚持你的立场而不同意他们的
观点,而且你也在为他们提供一条出路。他们没有必要坚持他们是正
确的并把他们的想法强加于你,也不会觉得丢脸。

90 不要玩弄政治权术

　　政客是为了获利而玩弄政治权术的人，你不是。你是一个管理者，你管理的是项目和现状，而不是人，人们会管理自己。他们中的一些有时会因发狂而去玩弄政治权术，你没有必要和他们玩，那就像是在铁轨上玩一样，你有可能会受伤，有可能被一列火车轧到。玩弄政治权术就是利用人们来促进你个人目的的实现，如果你在玩弄政治权术，那你就将变得令人不快、自私自利、思想狭隘、心胸狭窄。玩弄政治权术永远都需要威胁别人、奸诈狡猾、通过撒谎或是其他不正当的手段来完成某件事、举止做作或者对别人不忠，通常会表现出恶劣的行为。我说到这，我想你已经知道我是怎么看待玩弄政治权术的了——它非常差劲。

　　你应该"爱你的邻居，但要选择居住地"。试着和那些好人在一起，就不用玩弄政治权术了。

要试着参与不太热门的计划项目，因为这些项目不会吸引太多的关注、太多的竞争。同样也要选择不太热门的团队和部门，在这些地方，你不用时刻竞争也能够非常出众。

每个公司都有不用暗箭伤人就把事情做好的人，要和这些人多相处。

要常常和别人分享信息，这样就会使那些玩弄政治权术的人狼狈不堪。要做每个人的朋友，这样就没有人会控告你小团体主义或脱离群众。

"每个公司都有不用暗箭伤人就把事情做好的人，要和这些人多相处。"

尽管你不准备玩弄政治权术，但是你还必须得谨慎——要意识到玩弄权术仍然在进行，你要准备以一种适当的方式加以处理。小心那些背地里进行的秘密活动、那些隐藏着的真实动机、那些诋毁别人名誉的有计划的活动、那些谎言、那些流言蜚语（常常是恶意的）、那些暗示、那些难以察觉或找到或超越的细微差异、那些为了获得权力和统治所运用的欺骗手段、那些秘密私语，诸如此类的事情。如果你比较幸运，你会很少碰到这类事情，而且你所做的事会利索地与之隔绝起来。有些行业似乎就会孕育这类恶劣的行为，你要阻止它们非常困难。要拒绝去玩弄，以赢得一个直言不讳、不参与权术斗争的好名声——诚实、光明正大、开明、襟怀坦荡、正直、真诚直率。记住，你是一个简单而不复杂的人。

91 不要诋毁其他经理

早先我们说过，你可以用竞争来激励和鼓舞自己，而你也不应该畏惧竞争。

我们以前讨论的是和其他行业、其他组织之间的竞争，那么和同事、和其他部门之间的竞争呢？也是一样，不要畏惧任何人和任何事。如果你真的善于你所做的事，那么就要勇敢、富有创造精神、坚定你的立场——就像我相信你的那样——然后就没有必要畏惧了。如果你拒绝玩弄政治手段，那就会被认为是诚实正直的和值得信赖的。你永远也不要批评、干涉、诋毁、责备、评价、抱怨你的同事或者其他部门、科处的人们。

如果你那样做了，你会被认为是一个差劲的、可怜的执行者。当然，别人会那么做，也会那么认为，尽管有时候也会从中获利。但是，他们晚上能够高枕无忧吗？扪心自问，他们发誓喜欢自己的工作，或者他们害怕别人像自己取代别人那样取代自己吗？我认为不是这样。我曾经和许多这样的人共事过，他们吹毛求疵地说自己有多好，别人有多差劲，但是他们私底下却没有信心，因为在他们的内心深处他们知道自己并不如被自己批评的那些人善于从事自己的工作。记住，有一两个人说你的坏话，并不会让你从国王的宝座上摔下来，难道不是吗？而且如果你看到其他国王穿着新衣出门，你也没有理由要告诉他们被愚弄了——没有人会感激你。

我曾经和一位经理共事，他整天唠叨着其他经理是多么差劲。有趣的是他所指出来的每一点错误，他也同样存在。除了他之外的所有人都在私底下偷笑，只是他没有看到他自己的缺点所在。

如果你拒绝玩弄政治手段，那就会被认为是诚实正直的和值得信赖的。

92 分享你所知道的

这条法则是用来指导那些知道的比你少的人。他们所知道的并不一定比你少很多，你所知道的也不一定比他们多很多。但是，如果你和他们分享你确实知道的每一件事，那么他们就会知道得和你一样多。

一些管理者会认为这是一种威胁，这很愚蠢。你这样做是充分训练某人以使其从你的肩上分担一些工作量，这个人在你得到提升之后将会接任你现在的职位。

一些管理者觉得分享是一件不可思议的事，因为他们觉得自己知道的不够多。但是，当你在学校里学习英语的时候，你的老师所知道的语法、从句、标点和其他东西就已经足够可以教你了。你不需要一位获奖的小说家或者诺贝尔奖获得者，你要的只是一个普通的英文教师就足够了。

　　那么，你将如何与你的团队成员分享你所知道的呢？很简单，只要是能够帮助他们更好的完成工作的事情：信息、策略、计划、技巧、主意、读物、认识的人、午餐——不断地给予他们对你和对他们都更有帮助的东西。

　　与你的同事分享也很重要，你付出的越多，得到的就会越多。假设你给予了其他 20 位经理一条信息，如果他们中只有一半的人回馈你不知道的相关信息，这就意味着你现在能够收集到 10 条新信息。他们每人只得到一条，而你却得到 10 条——非常简单。他们总会和你分享，但是并不是他们彼此之间都会，不要问我为什么，也许他们感激的是你，而不是他们。

　　一些管理者觉得分享是一件不可思议的事，因为他们觉得自己知道的事情不够多。

93 不要威胁别人

作为管理者，你拥有权威和权力，这是毋庸置疑的。你知道如何
控制权力而不去滥用权力，或许这也是一个好主管与坏主管的其中一
个差别。

人们会尊敬作为经理的你，敬重你，甚至敬畏你。你拥有解雇他
们或者任用他们的权力，他们在所有和你打交道的事中都会意识到这
一点。但是，你必须试着赢得他们的信赖。你不能喜怒无常，让他们
不知道用什么方式与你互动；你也不能无缘无故的责备他们，更不能
滥用职权来威胁你的团队。

做管理工作有两种方式——惩罚和奖励，许多管理者选择了前
者，因为他们觉得不够自信、不确信、不肯定。他们没办法像你一样
与自己和谐共处，这都表现在他们对员工的威胁或威逼的态度上。我

们应该同情这些管理者——或者，如果我们自己在这样一个老板手下工作，想方设法让他们得到启发。也许可以让他们偶然间发现你在他们身边留下的这本书。

许多管理者都不知道他们的态度为员工们之间的相处和他们对待顾客的态度树立了标准。如果他们感受到的是亲切、合作、值得为之工作和自信，这些会产生极大的影响，员工们反过来也会以相同的方式在彼此之间相处和对待顾客。

以这种方式工作能让生活更加轻松，也更具效率。毕竟，以奖赏来鞭策别人工作，要比用威胁来逼迫别人工作好很多。

以奖赏来鞭策别人工作，要比用威胁来逼迫别人工作好很多。

94　不要参与部门间的争斗

　　我曾经同时为两位老板工作过，他们是公司的高级主管，但彼此憎恶。他们各自都有自己的议事日程，彼此之间进行着恶性竞争，而把我们这些经理——以及员工——当做他们的步兵、走卒、士兵和炮灰。这令人不愉快。他们有自己的责任范围，如果你只是在这两个人中任何一个的责任范围内工作，那你将会是开心的，因为你只有一个老板。但是如果你，就像我，必须频繁地从一个董事的责任范围横跨到另一个董事的责任范围，那么生活将会变得令人难以忍受。这两个董事撤销对方的命令，向对方施以肮脏的伎俩，不能彼此交谈，而且通常表现出的行为就像小孩一样。

　　我很快就学习如何成为一个有权谋的人和一个战术家，并在夹缝中生存。一个高级主管在楼上工作，而另一个在楼下，我被派上派下，同时也学会了半途停在楼梯的平台上，我会待在直到他们都忘记部门间争斗中的那点鸡毛蒜皮的小事为止。我也学会了在他们中间如何利用他们的不和来谋取我的好处——虽然这是非常不妥当的。

这种工作环境可能会让人气馁，但是我也曾经在部门间敌对竞争非常严重并妨碍到生产效率提高的公司里工作过，这样的斗争使员工一直处在高度紧张状态中并且导致了很高的员工离职率。你可能认为那些高级主管会去阻止这些事情的发生，但是在我的第一个例子中，你看到甚至那些高级主管有时也是非常愚蠢和小孩子气的。

如果你想听我的建议，那么我建议你不要走同样的路，要完全避开这一切。在所有的商业往来中都要开明、诚实以及未雨绸缪，你就会得到一个好名声，这样就没有人能够谴责你在做不正确的事。

那些高级主管有时也是非常愚蠢和小孩子气的。

95　展现出愿意为团队牺牲的精神

团队是你完成工作的工具——不论是什么工作。没有你的团队——可能是单独的一个人或者成千上万的人，你就会一事无成。如果没有你的团队，你只是一张等着被书写的白纸——或被打字。你必须支持你的团队、赞扬你的团队，为它而努力奋斗——甚至要做出牺牲，如果需要的话。聪明的管理者——我们已经不需要指明是谁了，是我们吗？通过充当团队的拉拉队队长而获得别人的忠心和尊重——那就是你，就是你。

你必须让你团队里的成员明白你不只是他们的心灵导师、领导者、护卫者和保护人，也是他们的支持者、他们的英雄、他们的防守队员。如果有人要批评你的团队，你就要起来为他们辩护；如果有人要利用你团队的成员，你就要冲过去保护他们。

另外，你也可以把他们扔到狼群中去，看这样你会得到些什么。但是，很多管理者似乎会认为这样做是聪明的选择、正确的选择。你是怎么认为的？我曾经为这种管理者工作过或者共事过，相信我，他们的员工流失得很快。

你的员工一旦看到你守护他们，他们就会相信你在内心会以他们的最大利益为重。如果有一些不公平的事情强加到他们身上，你就会维护他们。这也意味着如果你接受了某件事，他们也可能接受，这样有利于为你们的职场生活创造更加和谐的氛围。

如果没有你的团队，你只是一张等着被书写的白纸。

96 让人尊敬而非让人喜欢

天啊，不要讨厌那些试图成为你的密友、伙伴、兄弟和朋友的主管。每个人都有类似的经验，真是一团糟糕，这些主管使团队陷入窘境，也使他们自己难堪。因此，你应该与团队保持距离，目标是获得他们的尊重而不是被喜欢。你应该希望你的员工在工作上有好的表现，不只是一起到酒馆喝酒。你想让他们认为你是神，而不是一个幽默大师。

你必须创造神秘感，创造一种权力、权威、友善的氛围。你必须保持超然。

你必须让他们感受到你的权威。

　　某一天你也许必须解雇其中的一些员工，这个时候，也不要让你有太多人情负担。

　　某一天你将必须提拔其中的一些员工，你也不想让别人认为你有偏宠的员工。

　　他们必须能够崇拜你、尊重你，把你当做模范角色。在星期五晚上，如果他们看到你在小酒馆喝得醉醺醺的，像个臭虫一样在地板上打滚，那么他们还会崇拜你吗？如果你和他们太过亲密，那么你就不能够创造神秘感。保持一定的距离，他们不会认为这是脱离群众，而会尊重你给他们留下的个人空间。

　　也要保持一定的身体距离：不要拍背部、拥抱、亲吻、拨弄头发（就有一个经理曾经对我做这样行为，我很讨厌他——我当时非常年轻，但是这并不能成为我得到特别待遇的原因啊）、掰手腕（你可能会失掉他们对你的尊重，相信我）、办公室足球赛，或者任何可能导致混乱的行为。在任何时候都要保持你的尊严——高贵、信赖、明智以及权威。

97　专心做好自己擅长的事情

真正优秀的管理者同时也是某领域的专家，你不可能什么都懂，也无法做好每个人的工作，无论如何你每天都不可能做超过两件以上的事情。最好做你该做的事情，要确实擅长，把其他的工作指派给其他人负责。在我的公司里，我们对于每个人做什么都有非常清晰的界限，我试着尽可能少做事情。我认为一个管理者越优秀，做的应该越少，因为他把所有事情都授权给他的下属负责。

最好做你该做的事情，要确实擅长，把其他的工作指派给其他人负责。

所以我要坚守我能做得最好的事——与其他人员进行交流。我不做销售，但是我会欢迎销售员们的到来；我不联系主要客户，但是我会为我们的主要联络员工建立联络关系以便他们贯彻执行；我不做账目记录，但是会监督会计人员。我的"一两件事"就是为我的团队召开会议以进行我们的业务，并且监督公司的总体风格——这是关于公司品牌、形象和市场地位，我管理公司而非产品。

我知道我的局限之处，我知道我所擅长的和我不擅长的。我不擅长细节、例行公事、命令、有规律的日常事务；我擅长突发的、非正式的、引起关注的、一次性的、以人为本的事务。我不认为我所擅长的就是比别人强的，我不擅长的就是比别人弱的。事实上正好相反，我羡慕那些做事井然有序的人，他们能够专注于细节，他们喜欢将一个项目从头监管到尾，他们的办公架是空着的而且桌面整洁。

你擅长什么、不擅长什么呢？你会怎样最恰当地描述你能做好的那一两件事呢？

98 为自己的表现寻找意见

通常我们不会到处寻找他人的认同，因为我们总是相信我们内心深处的直觉，我们也知道什么时候我们能够很好地完成工作。但是，获得反馈常常是一件好事，你应该向和你的同僚、竞争对手、顾客、老板和你的团队寻求反馈。你不是在寻求赞扬、同意或者爱意，只是反馈。要记住你们都是在相同的团队——从看门人到首席执行官，都向着同一个球门进球，都挥舞着相同的旗帜。

你应该寻找反馈以便：

- 确认你的优势和弱点
- 对比反馈和你自己的评估——以确保你能够现实地、正确地进行自我评价
- 从错误中吸取教训，确保下一次不再出错

- 界定出问题的所在或自己该负责的部分
- 观察你的团队绩效表现——将它作为你评估的另一种参考

上述几点都合赞扬或者认同无关，这是一项对形势或者项目的现实评价，所以能够从中学习，然后继续前进。

你如何请别人给你反馈呢？向团队中的人索要反馈是很容易的，"队员们，我们做得怎么样？"他们会告诉你事情的真实。

接下来，你的老板，"老板，我们做得怎么样？"也很简单。

询问顾客呢？你可以直接问顾客，"我们能做些什么来改进我们的服务、产品、交货期、规格或计划？"他们也会很乐意地告诉你。

同样的，你也可以问你的同事："你能不能就我们的进展情况给我点反馈呢？"或者，"你能告诉我你认为我们（你和你的团队）这次展览做得怎么样？"或者，"给点关于削减成本、新的会计程序、人事能力提升计划有没有什么想法？"不要以"你能告诉我哪里出错了？""我知道这次安排很糟糕，但是我不知道我们的症结在哪里。""尽可能地帮帮我，我的确做错了，但是没有人会告诉我做了什么"当做开场白。你不要提前给任何人你对于形势的判断。

让他们告诉你好的和坏的地方，你只需要对所有的反馈点头同意并对他们说："谢谢"。

让他们告诉你好的和坏的地方，你只需要对所有的反馈点头同意并对他们说："谢谢。"

99 维持良好的关系和友谊

我有一个朋友，他有一个口头禅——"我觉得这样太没有礼貌了。"如果有人在会议上交头接耳或者剽窃他的主意，他就会说这句话。我喜欢这句话，因为它道破了一切关于差劲的工作关系的问题。有礼貌是一个很简单的概念，却又是一个相当重大的主题。

如果你能够保持有礼貌，那么在工作中维持良好的关系和友谊就很简单了。这不一定意味着要为别人开门或者帮他们提包，有礼貌是要举止文雅、热心、通达人情、富有同情心、助人为乐、热情迎客——所有你能为顾客做的，或者是应该做的（我确定你是有礼貌的）。

当这些运用到你不喜欢的人、过去和你有冲突的人、对你非常无礼或不友好的人身上时，就需要技巧了。此时此刻，运用技巧是最重要的。

当你对他们表现出友善、微笑、坦率（尤其是当你能够忍受，时不时地赞美他们的项目时——当然是合理的），即使最无礼、最不友好的人也会觉得不能一直无礼。

试着把你的同事看得和你自己一样热心。如果你经常以令人振奋的乐观态度来接近每个人，就会发现他们也会以友善来回报你。尽你的能力去帮助别人，就好像他们是你的同辈一样和他们讲话，在人们身上寻找积极的一面——寻找一些你喜欢的或者值得你尊重的关于他们的东西，并专注于此。你花费在最谦逊的雇员身上的时间要和你花费在等级最高的人身上的时间一样多。要尊重所有的人，对他们一视同仁。

如果你经常以令人振奋的乐观态度来接近每个人，就会发现他们也会以友善来回报你。

100 与顾客建立相互尊重的关系

我几天前在广播上听到一个双层玻璃窗销售人员的谈话，他谈论顾客的方式让我觉得他和他的顾客不是同类人。他的声音听起来是这么的高傲自大、不可一世，他用轻蔑的口吻，并且嘲笑大家。他说察看微小的印刷品的文字说明是顾客的责任，而且说如果顾客不那样做就有点傻。

对于这样的人，我没有尊重可言，而且他们常常在我和孩子们坐下来吃晚饭时给我打电话。对此我有一系列方法来教训他们，包括假装听不见让他们大声喊，告诉他们需要和我父亲谈一谈而把听筒搁着不挂掉，直到他们厌烦得把电话挂掉。

不要欺骗你的顾客或是对他们说谎，你需要他们。这是个双向的问题，也是一种重要的关系。对顾客永远也不要嫌麻烦。他们给我们

提供食物、衣服、时髦的小车以及快乐的假期，我为什么要诋毁他
们？作为回报，我给他们提供热情的接待、乐趣、优质产品，让他们
能够引以为豪的品牌，他们能够得到的一种生活方式以及对一个令人
振奋和充满活力的公司的归属感。我因为他们给予我的而尊重他们，
他们也因为我给予他们的而尊重我。

不要欺骗你的顾客或是对他们说谎，你需要他们。

101 为顾客付出额外努力

这是所有法则里最简单的一条。付出额外的努力应该是你工作的第一位。不管是每天早上第一件事，或是晚上的最后一件事，你所做的每件事都应该额外用心。

问题是，顾客就是你的难言之痛。他们想要物品，他们会要求，他们难以相处，他们抱怨，他们在不寻常的时间打来电话，他们期望得到额外的更好的服务，他们认为整个商业系统都应该为他们而运转。当我们把我们的呼叫总部转到印度时他们抱怨，他们想要降低价格、免费的赠品、买一赠一，如果不满意就退款、更换产品，还要全额退费、要提供安全保证、无不良产品等。天啊，他们以为自己是谁？在这里发泄情绪，大呼小叫！我曾经在一家企业里工作过，那里的顾客并不那么难缠。

此时，让我们先澄清一件事。没有顾客就没有任何意义，进入这个企业也没有意义，制造任何东西也没有意义，创造任何东西也没有意义，做任何事也没有意义。没有顾客我们就只能在黑暗中跳舞。

我们意识到了顾客的重要性，我们必须想办法来得到他们、满足他们、留住他们、热情接待他们，并为他们付出额外的努力。我们不需要成为谄媚者，但是我们必须创造性地思考获得他们支持的方法。留住一个顾客的成本要比吸引一个新顾客廉价得多。所以要尽可能地留住顾客。通过对他们友善来维持和巩固老顾客的关系。现在就想一想你能为你的顾客付出额外努力的三种方法。

没有顾客我们就只能在黑暗中跳舞。

作为一位管理者，你对你团队里的成员是有责任的。你必须确保他们在你的照顾下不会受伤，必须确保他们安全、健康、舒适、获得成长、发挥所长，并且远离危险物体和设备，如果必须要接触就为他们准备安全装备，以保证安全。

同样的，你对环境也是有责任的。你不能做任何会造成伤害环境的举动，更别提产生持续性破坏、使任何人的健康或生命处在危险之中、导致土地以从未有过的更糟的方式被利用的事情。你没有必要一定要成为一个生态环境的卫士，但是你要对环境负责而不是破坏它。你能扪心自问，说你的管理角色是"干净"的吗？

你必须要有一些不会破坏环境的原则。必须画一条底线——由你来画，超过某个地方你就不会去做。你必须要有取之社会用之社会的观念，也要明白你的成就是建立在团队的共同努力上的，所以要回馈他们。你必须明白你的企业对环境贡献了什么，或者从中获取了什么。

你能扪心自问，说你的管理角色是"干净"的吗？

这不是天马行空或相信因果报应的宗教家的理论——这是实实在在发生在我们生活周围的事情。你投入的越多，你获得的产出就越多。要有慈善之心，晚上才会心安理得和高枕无忧。这对管理和生活而言，都是值得尊崇的哲学。

这条法则是紧紧地跟着上一条法则的。显然，如果你认为你的老板是个白痴，你不必跑过去告诉他们——这样的诚实并不会获得太多好处。但是，不要说谎、欺骗、偷窃、诋毁、诈骗、利用、哄骗、耍花招、欺诈，也不要妨碍事情或让事情恶化。

作为一个管理者，你处在一个有利的位置——获得别人的信任或尊重。你对人们的生活负有责任。你把事情弄糟，人们就会受到伤害。当他们在为你工作了一整天回到家之后，会怀抱着各种情绪、感觉、梦想、希望或伤害。你使他们心烦意乱，或者伤了他们的感情，或者辱骂他们，或者对他们撒谎，他们把这些都带回家，然后又会影响到他们亲密的家人、朋友以及亲戚。你必须始终对他们说实话。如果你说不出令人愉快的话，那你就什么也不要说，但是不要说谎。

作为一个管理者，你处在一个有利的位置——获得别人的信任或尊重。

不要对你的老板撒谎。他们雇用你不是来撒谎的，他们希望你正直、诚实和有话直说。如果你未能达到应有的成效，就不要逃避责任。说实话，然后他们就能采取措施去帮助你。他们也许会沮丧，但是他们会感谢你的警告——知道事实要比希望和失望好得多。

不要对你的顾客说谎。很显然，在所有的这些建议中，很艺术地说实话是有技巧的。如果一个顾客问你们的产品是否比你们竞争者的产品好，你不需要说谎，若不是，你要直说你们一直以竞争者为目标。但是，如果他们询问某些产品是否已经成功，而事实上这些产品的销售并不理想，你可以用较有创造性的方式回答："到目前为止，我们已经有点惊奇于这些产品的销量，但是始终有改进的空间"，而不是"这些产品的确很糟糕，但是我们希望你能从我们手上拿走大量产品"。

104　不要便宜行事——会被发现

　　也许你是制造飞机的——你敢为了节省时间和金钱而凑合着工作吗？也许在机翼上使用低于标准的金属，用废品旧货站的替换物来代替发动机？我不认为你会这样，因为你很快就会被发现。现在有一种渐增的趋势，越来越多的管理者遭到控诉，因为顾客使用了他们那些有问题的产品（由于设计、制造、成本缩减），这样的人是有责任的，那么他们就会被告上法庭。同样，如果我们每个人都各自对自己在工作活动中所做的事情负责，那么也许事情就会做得更好。

**　　如果我们每个人都各自对自己在工作活动中所做的事情负责，那么也许事情就会做得更好。**

也许你不制造飞机，也许你不制造任何东西，也许你只是为计算机编程，很好也很安全。那你就不会伤害到任何人。但是，你确定吗？先思考再得出结论。估计一下最坏的情景，我们作为管理者随时都要做好准备，我们对于使用我们的产品可能受到伤害和难过的人们，负有不可推卸的责任。

为了节省时间和金钱而凑合着工作是不值得的——你总是会被发现，即墨菲法则。我知道你有时可能会处在进退两难的境遇中，当你的老板告诉你要去做某事，而你的原则告诉你这是愚蠢的行为，但是你需要这份工作，抵押贷款需要清偿，所以你闭嘴并且假装一切顺利，但事实上这是掩耳盗铃的错误之举，你终将会被发现。

你必须千方百计地向你的老板证明为了节省时间和金钱而凑合着工作反而会浪费时间。我们曾经提过："如果媒体或审计人员知道了，他们会怎样处理呢？"这个问题常常会创造奇迹。也可以问他，我们要采取什么保险措施或者司法部门会如何看待这次成本缩减的行为呢？如果你被告知，"我会毫不费劲地避开他们而继续实施"，那你可以用你的手拍拍你的头，尖叫道"噢，不，我在和一个疯子共事"。运用幽默可以使其他人意识到他们已经超过底线了，需要好好想一想了。

105 找个参谋

管理工作并不简单。我是说有的时候事情进展的一切顺利，而有时就会碰上棘手的问题——例如跟难相处的人打交道、如何迎接挑战、如何制定最有效的预算。

这个时候，你需要倾听别人的建议——一个好的参谋很重要。这个人应该是了解事情经过的，所以肯定是公司内的人。不过这个人不能是普通的比你级别还低的员工，因为他们同时也听命于其他经理。有时你又不想跟你的老板来讨论——如果这个难题还涉及你的老板。

找到合适的可以倾诉的人不容易，但是还是要主动地去找，因为这很重要。否则有的时候你真的不知道该怎么办的时候无人倾诉，也得不到帮助。不过如果你没有找对人的话，你也会很烦，耽误了你很多时间还没有解决问题。

　　最好的赌注就是找一个和你一个级别的主管，不过是另一个部门的。好的参谋是行事谨慎低调、值得信赖，而且有时间倾听和给你建议的人——如果他总是没有时间，那么再好的参谋也是没有用的。如果你们两个学会相互倾听给意见的话那就更好了，你们可以互相支持对方，这样双方也就更觉得平衡，不会出现有一方会去老板那里泄密。

　　当然，你不必局限于一个参谋，也不能是太多人都是你的参谋，即使他们都会保密，你也不想让你的烦恼和弱势让更多的人知道。不过，两个参谋比较好，一个比较擅长处理同事间的争端，另一个更擅长工作上的战略谋划。有的时候，公司外部人也是一个很好的参谋，因为他不会拘泥于细节，而会从更新更广的视野来给出合理的建议。这个人也许是你的伴侣、你亲密的朋友或者你的妈妈甚至是同窗。

**　　好的参谋是行事谨慎低调、值得信赖，而且有时间倾听和给你建议的人。**

你是一个管理者，所以要管理。管理就是让工作更有效率，管理就是负责，管理就是让一切尽在掌握中。

似乎有一种新的趋势——管理者害怕发号施令。他们似乎很勉强地采取控制措施，以防他们团队成员对此表示愤恨或者指责自己是个独裁者。真理再向前走一步就是谬误。团队如果能有一个优秀的、强而有力的管理者带领，就能够做更多的事情，因为他们知道有一个首领在掌舵。没有首领他们会茫然不知——迷惘、害怕、马上就要撞到岩石上了。在某种程度上，我们有什么样的首领几乎不重要了，只要有人把他们的双手放在方向舵上。我们都知道，大副几乎真正做了所有出航的事情，但是大副需要船长的指挥，否则大副将发挥不到这样的作用。

团队如果能有一个优秀的、强而有力的管理者带领，就能够做更多的事情。

对于你的团队，你必须成为一个英雄；对于你的老板，你必须成为一个得力的助手。你必须具备所有这些"老式"的特征：

- 可靠
- 可信赖
- 坚强
- 自信
- 忠诚
- 坚定
- 具有奉献精神
- 负责

　　这全是些离谱的、苛刻的要求，但是如果能做到，回报是巨大的。如果你能以正确的方式坚持下去并信守准则，成为一个管理者，其实是一件有趣的工作。

107　推崇自己的公司

我希望你不需要拍马屁就能成为公司有权谋的人，但外交手腕是你应该具备的。你所在的公司有时会把你逼疯，但有时也会让你开心得永无止境。如果你在任何组织里，都能够远离权术斗争和诽谤中伤，你会成为一个好人。每个公司都有坏的一面和好的一面，要接受这个事实。把注意力集中在好的一面，并且你要引以为豪的是公司以极强的判断力雇用了商业界最好的经理之一——你。

不论在哪儿，不论你在做什么，你都要赞扬你的公司。这些赞扬又会返回到总公司，会使你更加自豪，因为没有什么能比自豪更能产生自豪感了，这是一种良性循环。

如果有人向你抱怨，那你要接受，告诉那个人你会调查然后把结果告诉他们，并且真的这么去做。

当你在推崇你的公司时，会让你考虑你的公司对你的意义何在、工作快不快乐。如果这些是好的，而且你已经自豪了，这对你有益。但是如果你有疑问，那你也许必须在继续之前做一些自我反省。不要马上就服输——在那变化之后，处于核心地位，你也许会发挥更大的作用。

当你在推崇你的公司时，会让你考虑你的公司对你的意义何在、工作快不快乐。

就像你会为一个顾客付出额外的努力，寻找为你的公司付出额外努力的方法。这并不意味着你必须得成为一个应声虫、马屁精或者受气包。你可以强硬、自豪、独立、倔强，同时仍旧热爱公司和加以推崇。

结　语

　　就这样，再没有其他法则了。这是你的书，秘密地、安全地保存它。如果别人没有看到这本书，那你不需要做任何其他事，就已经比他们超前一步了。

　　我曾经非常享受做管理者所带来的乐趣——而且现在仍然享受着。这样的经历给我带来了极大的满足，有时也会带来相当大的压力，但是这样的经历永远是一种冒险的经历，又充满刺激。

　　经过这么些年，我发现了这些我认为你不可能在一个周末经理培训中学到的基本法则。这些法则经久不衰，陪我度过了很多年，从一个卑微的基层经理一直到自己公司的首席执行官。我希望这些法则也能很好地为你服务。

　　我并不期待你把这些法则全都学到、实践、认同每一条准则。但是，它们可以像一个有用的参照物从而使你作出清醒的决定，而不会使你变成一个伪善者。

这永远是一种冒险的经历，又充满刺激。

当我在为这本书搜集资料的时候，我和许多其他经理谈过话，以便发现他们赖以生存的秘密法则。我惊奇地发现许多人都是秉持着那套拿着鞭子在背后鞭策员工的方法，然后慢慢地往高位爬。真的很可悲。他们看上去都处于极度紧张的状态中，备受压力，而且筋疲力尽、无法放松。相对的，也有一部分聪明的人正依照本书的准则，他们在生活上和跟下属的相处看起来似乎更轻松、快乐和悠然，也让员工更加自在，所以他们的员工尊重他们，也非常乐意为他们工作、和他们共事。这样不是很好吗？

祝福大家！

译者后记

管理是很多人都在做的工作，但却有许多人不懂得其中的技巧。本书通俗易懂、妙语连珠、简洁精辟，是一本不可多得的管理手册。书中的内容很有实践意义，除了很多实用的建议外，还包含大量的管理常识、工作指引和窍门，可贵的是文中还穿插了很多作者的亲身经历，是作者数十年管理经验的结晶，也是一本让管理者爱不释手的工具书。

理查德·坦普勒是英国众所周知的畅销书作家，他的著作不只在英国地区持续多年热销，更风行全世界。除了写书以外，他还经营一家管理咨询公司，帮助企业人员掌握管理技能。

本书由大连工业大学管理学院的朴赫大教授主译，参与翻译的人员还有常岩松、计晓琳、郭军、李慧、吴文博、吴凡、刘畅、刘丽魏、李萌。

由于时间和能力有限，书中肯定还有很多翻译不当的地方，敬请读者批评指正。